Gemischte Doppelspiele

Waltraud Puzicha

GEMISCHTE DOPPELSPIELE

Schüttelreime

Echoreime

Klimmericks

ISBN 3-8311-1374-2

Einbandgestaltung: Relindis

Herstellung: Books on Demand GmbH

1
Schüttelreime

Zum Schüttelreim

Ein Schüttelreim entsteht, wenn die Anfangskonsonanten von zwei Reimwörtern sinnvoll miteinander vertauscht werden:

heiter wissen - weiter hissen
Schimmer nützen - nimmer schützen

Bei Reimwörtern, die mit einem Vokal beginnen, werden die Vokale getauscht:

trostreich ist - Ostreich trist , eben nein - neben ein

Doppelkonsonanten (z.b. Kr, Kl, Schl, Schr) werden gewöhnlich vollständig getauscht, eine Trennung ist aber möglich.

Wenn sich bei den geschüttelten Reimwörtern auch die Vokale noch sinnvoll vertauschen lassen, entsteht ein Doppel-Schüttelreim:

Stelle wild	Stille Welt
Welle stillt	Wille stellt

Aus diesem Rohmaterial lassen sich sowohl Zweizeiler basteln als auch - wenn man's kann - ganze Gedichte, für die man allerdings einen langen Atem haben muss.

Es ist auch möglich, dreifach oder vierfach zu schütteln. Schüttelreimen ist also ein Spiel mit vielen Möglichkeiten. Für alle, die sich mit dieser Spielart der Poesie näher befassen möchten, steht im Verlag August Lax, Hildesheim, ein Lehrbuch mit 246 Seiten zur Verfügung von KLEN (Prof. Dr. Karl Nickel) unter dem Titel SCHÜTTELREIME SELBST GEMACHT, ISBN 3-7848-8255-2. Im gleichen Verlag gibt es ein LEXIKON FÜR SCHÜTTELREIMER mit 376 Seiten, erstellt von der bedeutendsten deutschen Schüttelreimerin Sita Steen. Das Lexikon "Reime hoch zwei" liegt bereits in zweiter Auflage vor, ISBN 3-487-08259-4.

Schüttel-Monde

Der Januar ist Wartezeit.
Wie liegt nun alles Zarte weit!

Der Februar bringt kalten Wind.
Nun muss der Winter walten, Kind.

Bei Frost vergeht im Märzen schier
das Lachen und das Scherzen mir.

April macht schon das Staunen licht,
wenn er uns nicht mit Launen sticht.

Im Mai ist keine Liebe trist.
Das ist der süßen Triebe List.

Lacht Juni mit der Rose Mund,
dann geht es auf dem Moose rund.

Im Juli zieht's zum Badestrand,
wen nicht die Balustrade band.

August trägt einen Gleißehut.
Darunter schwelt die heiße Glut.

September. Nicht von Zinnen speit
die Sonne. Es ist Spinnenzeit.

Oktober-Fest. Zu Jagd und Wein
man ja zu sagen wagt und jein.

November. Nebel. Geisterhaft
der Spuk aus Busch und Heister gafft.

Dezember. Weihnacht. Stille weht,
wo Gottes großer Wille steht

Riesenfest

Fußvolk füllt die miesen Ränge.
Wahrlich, eine Riesenmenge!

Heute gibt's dort Riesenwein.
Früher war's ein Wiesenrain.

Drauf stand manches Wiesenrind,
trotzend selbst dem Riesenwind.

Winterwinde bliesen rau,
färbten junge Riesen blau.

Nasen sind vom Niesen rot.
Überall herrscht Riesennot.

Nepp ist eine Riesenkraft,
die auch noch in Krisen rafft.

Volksfest, dieses Riesending,
passt kaum mehr in diesen Ring.

Lassen wir das Riesenfest,
spar'n wir uns den fiesen Rest.

Wo sich dreht das Riesenrad,
man uns zu mehr Rasen riet.

Millionäre

Wer über tausend Mille wacht,
für den sind Gold und Wille Macht.
Und wenn er mal in Krisen liegt,
er stets noch was zu Leasen kriegt.

Bittere Erkenntnis

Stets sein Absolutes geben,
heißt, du hast kein gutes Leben.
Würdest du nur lässig streben,
müsstest du nicht stressig leben.
Ist dir vor dem Ruhme bang,
wird Talent zum Bumerang.

Und die Allerbesten geben
so, dass ihre Gesten beben.
Alles geben heißt ergeben.
Besser ist, den Geist erheben
und erst einmal richtig wecken,
statt sich stets nur wichtig recken.

Willst du Ehrgeiz dauernd tränken,
musst du schließlich trauernd denken:
Der Erfolg, er wär' zu missen,
um am Ende mehr zu wissen
von dem Geist, des Hände weben.
Er nur kann auch Wände heben.

Lebensfülle

Eine kesse Sohle, Hein,
tanzt du um das hohle Sein.
Prallen Sinn dem Leben gibt,
wer das stille Geben liebt.

Was mit uns im Bunde stand,
bis zur letzten Stunde band,
geht nun auf im regen Geist,
der uns still entgegenreist.

Rat eines erfolglosen Goldsuchers

Hör mir zu, mein lieber Sohn!
Gold ist zwar der Sieber Lohn,
aber mühsam ihr Geschäft.
Oft hat Glück sie schier geäfft.

Ihr beschränkter matter Geist
steht vor einem Gatter meist.

Große Schätze Goldes heben,
wie die Feen hold es geben,
ist nie eine runde Sache.
Es folgt ungesunde Rache.

Weil den jungen Sohn er liebt,
selbst um kargen Lohn er siebt.

Birkenstreifen

Um die Stämme winden Birken
Streifen, die wie Binden wirken.
Birken, so gebunden, wissen
nichts von Birken-Wunden-Bissen.

Was so manchem Baum geschieht
in dem Bach- und Schaumgebiet,
hält nur noch ein Wirkeband,
das sich selbst die Birke wand.

Wege der Liebe

Der Herzraub ist manch einem
Diebe gelungen,
doch nie werden Herzen zur
Liebe gedungen.
Es hat kein Verliebter um
Träume zu ringen,
die Liebe vermag auch in
Räume zu dringen,
die Schicksal verwegen
gestalten und würzen,
die Throne errichten,
verwalten und stürzen.
Oft brauchst du im Ernst keinen
Finger zu rühren.
Die Liebe vermag es, selbst
Ringer zu führen.

Alles vergeht

Rosen, Tulpen, Nelken, wie,
denkst du, die verwelken nie?
Auch die Zeit der Lieder weicht,
doch es wird auch wieder leicht.

Die Gesetze walten still,
weil sich was gestalten will.
Trauer als auch Wonne sinkt,
wie nach Regen Sonne winkt.

Fällt dir froh zu singen leicht,
scheint oft das Gelingen seicht.
Eine Himmelsleiter webt,
wer trotz Kummer weiter lebt.

Hans im Unglück

Ist dein Glück im Schwunde, Hans,
rührt das keinen Hundeschwanz.
Geht es dir mal doppelmies,
dann spürt auch dein Moppel dies.

Hektik nicht gefragt

Tust du nichts auf milde Weise,
hast du eine wilde Meise,
und die erntet seichte Lache.
Nimm es nicht als leichte Sache!

Katerklage

Ich schlich um viele Ecken schlau
und fand doch nichts zu schlecken, au!
Und wie ich auch um Ecken schlich,
wer fand da nichts zu schlecken: Ich!

Schwarze Seelen

Die verruchten Seelen künden
von verfluchten Kehlensünden.
Kriegen sie einst Teer zu saufen,
nützt es kaum noch sehr, zu taufen.

Rattenplage

Die widerliche Rattenpest
ließ Bürgern kaum den Pattenrest.
Die meisten Bürger hatten raus:
ihr Domizil, ein Rattenhaus!

Bei Sonnenschein und Schatten riet
man, Schluss mit diesem Rattenschiet!,
bis schließlich dieser Rattenmief
die Leute auf die Matten rief.

Beschluss

Dass sichtbar es auf Platten rage:
Hier Vorsicht! Große Rattenplage!
Für uns sind diese Ratten Schande.
Vertreibt sie bis zum Schattenrande.

Nichts soll mehr diese Ratten mästen
vom Korn bis zu den Mattenresten.
Die Hunde sollen Ratten beißen,
die Pflanzen aus Rabatten reißen.

Und wo jetzt noch die satten raufen,
soll'n niemals wieder Ratten saufen.
Lasst nirgendwo die Ratten gammeln,
seht ihr sie beim Begatten rammeln.

Legt sie auf ihre glatten Rücken!
Kein Fluchtversuch soll Ratten glücken!
Erboste Bürger hatten Ringe,
dass man daran die Ratten hinge.

Ergebnis

Bald lagen alle Ratten steif
und waren zum Bestatten reif.

Gutenachtlied

Stille Nacht. Kein Mondenschein.
Lieber Gott, so schon' denn mein!
Arbeitszeit der Diebe: Nacht.
Hast du solches nie bedacht?

Zielsicher

Frohgemut ins Ziel zu steigen,
nicht wie dumme Streiter hampeln,
dabei guten Stil zu zeigen,
lässt uns leicht und heiter strampeln.

Familien-Erwartung

Fährt der Vater steile Wand,
hält er eine Weile stand.
Macht er einmal minder Kies,
finden das die Kinder mies.

Wer hat die ärmsten Schäfchen

Schaf auf saurem Weideland,
das sich stumm im Leide wand,
schleicht sich - dauernd nass - zu Krippen,
hat kaum - sagt man's krass - zu nippen.

Der Beter

Soviel Schatten neben Licht!
Die im Dunkel leben nicht.
Innig bat er: Sende Wehen,
lass' mich eine Wende sehen.
Lange noch bedingt geschwankt,
hat er nun beschwingt gedankt.

Aus dem Dunkel springen Lichter.
Nur noch von Gelingen spricht er,
hat gescherzt, gelacht, gesungen.
So ist es ihm sacht gelungen,
dass mit Gott im Bund er war.
Alles wurde wunderbar.

Die des Himmels Segen lieben,
sind begnadet, legen sieben
Wünsche in die feine Schale,
wenn im Morgenscheine fahle
Lichter ihre Sinne wenden,
ihnen Lustgewinne senden.

Hinter Schloss und Riegel sing'!
Liebe ist ein Siegelring,
dass du nicht zum Irren wirst,
wenn du durch die Wirren irrst.
Bald wirst du durch Hallen wandeln,
voller Hoffnung wallen, handeln!

Mit den Schmetterlingen schweben
und auf leichten Schwingen leben.
Keine Zeiten waren runder.
Leben mit dem raren Wunder
schicksalhaften Webens lehrt:
Liebe macht es lebenswert.

Keine gute Wahl

Der Jähzorn ist aus meiner Sicht
fatal, wirst Herr du seiner nicht.
Ist alles dir vor Wut egal,
dann triffst du keine gute Wahl.

Die ewigen Studenten

Die Eltern in den laschen Tagen
schier endlos auf den Taschen lagen:
Ihr Alibi ist "Wir studieren."
Auf den Erfolg kannst lang' du stieren.

Nie wird die lahme Ente rasen,
noch spät mit Vaters Rente aasen.
Die so der Eltern Hut vergalten,
sagt, haben die sich gut verhalten?

Auf Abzahlung

Manche Käufer boten Raten.
Um Kredit die Roten baten.
Bei besonders sturen Hunden
mussten selbst die Huren stunden.

Der verschmähte Hausfreund

Mit gesenktem Rüssel schleichen
lässt sie mich. Den Schlüssel reichen
will sie nicht, sagt immer nein
und sie lässt mich nimmer ein.

Ein gewisser Körperteil

Was für Hinterteil man kesser
von sich gibt frivol, kann Messer
für den Grad sein, den wir halten,
wenn mit Anstand wir hier walten.
Sagt man brav und reinlich Po,
klingt es nicht so peinlich roh.

Blank

Blank putzt man in Ruhe Scheiben,
blank auch kann man Schuhe reiben.

Blank kann Sturm die Nordsee machen
(frisst auch oft als Mordsee Nachen!)
Bist beim Blanken Hans du Gast,
Nase voll bald ganz du hast.

Blank muss man auch Planken, Butzen
und dem Kind den Blanken putzen.

Bist du blank mit leeren Kassen,
wirst du dich bekehren lassen,
von dir alle Last zu geben
und hier wie ein Gast zu leben.

Bleibe schlank und bleibe rank,
deine Augen reibe blank.

Schlaflose Nächte

Wer nächtlich was zu machen weiß,
den macht kaum je das Wachen heiß.
Die Frucht aus dieser leisen Wacht
ist Ernte, die nur Weisen lacht.

Achtung Männer!

Wenn ihr infolge Weiberlist
um deren süße Leiber wisst,
befallen euch die Koselüste,
sobald ein Mund euch lose küsste.

Wenn Vögel im Gefieder wühlen,
könnt ihr den Frühling wieder fühlen.
Lust ist kaum ein Desasterlein
und muss nicht gleich ein Laster sein.

Nicht jede

Eine Dame Bittermandel
deprimiert mich. Mit der bandel
ich nicht an, sag' eben nein,
denn ich geh' daneben ein.

Besenwirtschaft

Alte Besen kehren mies.
Neue Besen mehren Kies.
Hat erst eine Wanze Geld,
kauft sie sich die ganze Welt.

Der Versager
(nach der Probezeit)

Der Neue macht die Probe leise
und hofft, dass man ihn lobe, preise.
Heut müssen wir der Lage wegen
sein Image auf die Waage legen.

Weil man den Schneid ihm täglich klaute,
sein Schüchternsein nur kläglich taute.
Nun kann ihn Sanftmut nimmer schützen,
sein Lächeln keinen Schimmer nützen.

Ihm fehle Schliff, ihm fehle Ton,
der rechte Ton am Telefon,
so sagt man. Und entlassen haben
sie ihn nun auch. Am Hassen laben

Mag er sich nicht. Gesunden wollte
er unbedingt. - Die Wunden sollte
man heilen statt mit Schauer tränken
und ihm ein wenig Trauer schenken.

Die Kraft scheint nicht mehr weit zu reichen;
nun ist er gern bereit zu weichen. -
So möge sich sein Scheiden lohnen
und ihn und seine Leiden schonen.

Von den Socken

Im Wahlkampf wirkt selbst Rocken seicht,
wenn's nur zum Tanz auf Socken reicht.

Verliebte Augen locken sacht,
wenn sie zu "ohne Socken" lacht.

Oft über nasse Socken flucht,
wer Winters weiße Flocken sucht.

Geographisches

Volksfest auf der zugefrorenen Alster
Man kann hier eine Speise eisen
und lustvoll auf dem Eise speisen.

Logisch
Merke: Auf einer Mais-Ranch
erntet man nicht Reis, Mensch!

Zilles Erben
Wat soll ick denn malochen, och!
Ick denk, ick find' so och en Loch.

Auf einer Südseeinsel
Doch nicht in der Mainacht, wann
feiert hier denn Weihnacht man?

Irgendwo im Bayerischen Wald
Mit der süßen Rosamunde
dreh' ich auf dem Moos a Runde.

Lange her
Afrika. Der Buren Stock
zähmte manchen sturen Bock.

Bei der Verpackung
Erfasst vielleicht nicht Grönlands Frauen
beim Hauche eines Fönlands Grauen?

Nordsee - Mordsee
Sturmflut an der Nordsee macht
Schiffern eine Mordsee-Nacht.

Für Insider
Schüttelreimer trafen sich in Ehlscheid.
Angesehn war keiner scheel. Eid!

Provokation

Ein langer Schlotter-Bammelrock
macht keinen Mann zum Rammelbock.
Wo Miniröckchen leidlich wippen,
da spitzen Männer weidlich Lippen.

Jenseits weint man nicht

Was den Mut der Leute hebt,
ist nicht viel. Wer heute lebt,
wandelt einen rauen Pfad
und dreht gern ein Pfauenrad.

Schau nur auf und weine. Kahl
steht der Wald, hast keine Wahl.
Vor der Hottentottenschanz'
fiedelt Tod zum Schottentanz.

Bei Geschenk statt Rauben, Tod,
sehen zwar die Tauben rot.
Trinken sie erst seinen Wein,
lassen sie das Weinen sein.

Epitaph

Der hinter diesem Gitter ruht,
war einst der Herr vom Rittergut.
Ihm glückte oft ein guter Ritt.
In tiefem Frieden ruht er. - *Gitt.*

Steuer-Oasen

Verleg' in Zukunft alle baren
Geschäfte nach den Balearen!
Das lässt dich - als ein Neuer - stutzen?
Oasen bringen Steuer-Nutzen.

Der Liebestrank

Ein starker, echter Liebestrank
macht den Genuss des Triebes lang.
Doch ist die Lust im Lenzen groß
und bei Verliebten grenzenlos.

Pack den Tiger in den Tank

Tiger soll man dankbar tanken,
weil sie uns im Tank bar danken.
Sie verbinden Start mit Ziel
kraftvoll und doch zart mit Stil.

Die toten Helden

In der Jugend leise weben
und im Alter weise leben
nach des Altertumes Rat,
galt uns nie als Ruhmestat.

Die auf Krieg und Siege stehen,
nicht des Friedens Stiege sehen,
leben kurz, gefallen als
tote Helden allenfalls.

Frühlings-Sonett

In Fleischeslust schwelgt Sonnentau,
um den sich Lied und Prosa ranken.
Aus Ferkeln wächst die Tonnensau
mit ihren niedlich-rosa Pranken.

Der Frühling weckt bei Stuten Gier,
weil helle Mähnen wehen sollen.
Bekümmert es den guten Stier,
dass sie nur Hengste sehen wollen?

Im Juli gibt's den Grillenstau,
den Schrei, dass man es leisten müsste.
Der Sommer stirbt im stillen Grau.

Wo Wange zart an Wange liegt,
entzünden sich die meisten Lüste.
Versäumtes ist's, das lange wiegt.

Stuttgart
(damals und heute)

Man sah die Guten starten
im alten Stutengarten.
Jetzt heißt es: Gut start'
in Stuttgart.

An einen Reporter

Komm und wetze deine Klinge!
Oft sind es nur kleine Dinge,
die uns hier zu schaffen machen,
keine Lust zum Machen schaffen.

Selbst noch an den fetten Zeilen
musst du für Gazetten feilen
und sie schon der Lage wegen
prüfend auf die Waage legen.

Oft hast du dich fortgewunden,
nicht das rechte Wort gefunden.
Bei den vielen feilen Zeilen
musst du manche Zeilen feilen.

Sollte mal dein Wille zagen,
kannst du es wie Zille wagen:
Nur für eine Weile zagen
und dann manche Zeile wagen.

Willst du rasch zum Ziele steigen,
musst du neue Stile zeigen.
Nur das Starke rührt den Feigen,
und der Beste führt den Reigen.

Klingen von der Sorte wetzen,
heißt Milieu in Worte setzen,
Würde - wie beim Sporte - wahren
und dir viele Worte sparen.

Altersweisheit

Willst du einen Laien fragen,
ob wohl auf dem Wettersteine,
weil's ihn friert in freien Lagen,
ein verwöhnter Städter weine,
wird er darum heiter wissen
und sein Fähnchen weiter hissen.

In der Wärme hinter Wänden,
wenn im Bett wir weise liegen -
statt mit kalten Winterhänden -
und im Traum uns leise wiegen,
wachsen ohne Reue neben
gutem Wein uns neue Reben.

Frühlingsgedicht ohne Rhythmus

Weil Frust sich leicht im Lenz staut,
fleht innig mancher Stenz laut:
Lass nicht vergeblich Mai sein,
erhöre mich und sei mein!

Trau schau wem

Ab und zu die Scheuen tränken,
sein Vertrauen Treuen schenken!
Legt man seinen Köder blind,
ist kaum etwas blöder, Kind.

Platonisch

Wen nicht beglückt das reine Kosen,
dem blühn im Alltag keine Rosen.
Geschlossne Jalousetten buchen,
die Heil in fremden Betten suchen.

Der Penner

Nirgends wollte man ihn dulden.
Schließlich schlief er dann in Mulden,
bis von ganz allein er wich,
und da rief er weinerlich:

Penner, die besoffen hinken,
lassen bald das Hoffen sinken.
Die ihr Heil verloren geben
und unausgegoren leben,
müssen in Molesten baden,
die kaum je zum Besten laden.

Schon sieht man die Meute lachen,
wie es halt die Leute machen.
Gottesmantels weite Falten
lassen nie Gefeite walten.

Fensterln nicht empfehlenswert

Beim Gebrauch von Schiebeleitern
sieht man manche Liebe scheitern.
Paare, die gescheiter lieben,
müssen keine Leiter schieben.

Aus dem Kamasutra

Eines schweren Leibes Wust
steigert kaum des Weibes Lust,
weshalb ich zum Leiten sage:
Tut es in der Seitenlage!

Vergeblicher Rat

Guter Rat für tolle Wanzen,
die stets nur in Wolle tanzen:

In der Wolle-Rolle, Wanzen,
kriegt ihr einen Wolle-Ranzen.

Schaut mal, wie im Seidenkleid
schicker ihr zu kleiden seid!

Die Unbeliebten

Wenn sie aus dem Ruder laufen,
sieht man manche Luder raufen.
Die sich - statt zu kosen - raufen,
müssen selbst sich Rosen kaufen.

Der Verführer

Sie in eine Scheuer führen
und ein mildes Feuer schüren,
kannst du dir erlauben, Herrchen,
höchstens mal bei Haubenlerchen*.

* Nonnen in Tracht

Trotz alledem

Wer häufig sich um viel verzählt
und darum oft sein Ziel verfehlt,
der bleibe fröhlich, mild und gut,
weil das als Stärke gilt und Mut.

Nebelgespenster

Wie sie schlurfen, blässlich hinken
und von weitem hässlich blinken!
Könnten wir aus Watten schichten,
wie sie Licht und Schatten wichten?

Anna weiß es

Wo gibt's jetzt noch Manna, Pa?
Fahr'n wir mal nach Panama.

Wisst ihr denn, was Manna ist?
Es ist für die Anna Mist.

Frisch gewagt

Wer ständig übers Wagen klagt
und alles zu beklagen wagt,
der treibt es nach der Schnecke Art,
die niemals um die Ecke schnarrt.

Kluges Kind

Auf dem dünnen Wolgaeise
sagt die kleine Olga weise:

"Hörst du schon die Rufer alle?
Tun wir wie die Ufer-Ralle!

Lass uns nach dem Lande streben.
Gut lässt sichs am Strande leben."

Uneins

Was sie mit allen Sinnen wollte,
war, dass er gewinnen sollte.
Was viel schwerer wiegen sollte,
war, dass er nicht siegen wollte.

Wüstenlandschaft

Hauch der Wüste. Sonnenwind.
Ausgeträumt die Wonnen sind.
In verschlammten Bronnen saut
die verhärmte Sonnenbraut.

Wer vom langen Hocken glühte,
lechzt nach Schutz durch Glockenhüte.

Übermut

Noch bevor die Reue naht,
gilt der nicht ganz neue Rat:
Pfeifen kleine Spatzen keck,
werden sie zu Katzenspeck.

Trinklied

Wo im Laub die Trauben glimmen,
kann man leicht den Glauben trimmen
an des Lebens feine Süße.
Trinker tragen seine Füße
zu des Ursprungs stillen Quellen.
Wo die Weine quillen, stellen
Träume ein sich, heiter webend
und die Stimmung weiter hebend.

Die sich nicht um Weine scheren
oder sich zum Scheine wehren,
stets die Zunge schüchtern netzen,
werden Trinklob nüchtern schätzen.

Die sich Bacchus hold ergaben,
finden Wein statt Gold erhaben.

Vorsicht ist angesagt

Weil sie alles leider nähmen,
muss geschickt man Neider lähmen.
Bei Gelegenheiten siebe
trotz der bösen Seitenhiebe.

Schüttel-Stenogramme

Wir fordern
Akute Gunst
für gute Kunst!

Mörder
Kann sein,
sann Kain.

Unbeheiztes Haus
He! Geiz?
Geh! Heiz'!

In der Wüste
Eh du! Bienen?
Beduinen.

Wechselwirkung
Miese sind fies.
Fiese sind mies.

Hülle und Fülle
Fülle heißt
Hülle feist.

Empfehlung
Lange müsste
man Gelüste
leise wiegen,
weise liegen!

Gewissen
Mahnung ihr,
Ahnung mir.

Zuviel schweizer Kleingeld

Ruhst du auf einem Rappenhaufen,
musst du um jeden Happen raufen.
Ein heller Kopf und schlaue Beine
verschaffen bald dir blaue Scheine.

Der Unterschied

Die Industrie mit Riesenkraft
das Geld auch noch in Krisen rafft.
Doch nie das Geld in Schüben rafft
der Bauer, der an Rüben schafft.

Blinder Mut

Zum Kampf verführt uns blinder Mut.
In Kriegen fließt nicht minder Blut.
Wo Zweifel sich durch Stille wand,
hält nur der Friedenswille stand.

Hagebuttensaft

Rosen sich auf Kosen reimen.
Lässt du alle Rosen keimen,
fließt aus Rosenhagen Saft.
Ist das nicht ganz sagenhaft?

Aus Küche und Keller

Gern malt Aquarelle sie,
grün mit Lauch und Sellerie.

Mancher schmäht den weißen Rettich.
Bayern drum sich reißen, wett' ich!

Cremig-weich verlock' o Brie!
Schmackhaft sind auch Brokkoli.

Manche Leute testen Böhnchen:
Wer erzeugt die besten Tönchen?

Sauerkraut ist heller Kohl,
den ich aus dem Keller hol'.

Sonntag gibt es eine Feier
und gefüllte feine Eier.

War da nicht das Lieschen Dieb?
Ihm sind die Radieschen lieb.

Wenn wir uns alleine wiegen,
muss das wohl am Weine liegen.

Ganz bestimmt bei Würsten danken,
die schon leicht in Dürsten wanken.

Statt zu Rind und roten Braten
würde ich zu Broten raten.

Kluge Frauen backen Pasta,
dass es Männer packen. Basta.

Schnöde ist, wer Lauch und Butter
reimt auf Schweinebauch und Luther.

Der Killerwal

Teiche frisst der Killerwal
(lässt man ihn, dann will er) kahl.
Dass ganz ohne Wahl er kill',
sagt man, und so kahl er will.

Stimmig muss es sein

Ist es mal zu leicht gewesen,
hat man's aufgeweicht gelesen.
Wo sich alles soll vertragen,
kann auch mal der Troll versagen.

Keiner wird das Feine rügen,
achten wir aufs reine Fügen.
Wo am Reim wir heiter weben,
wird Niveau sich weiter heben.

Hühnerhof-Elegie

Wie sie munter rennen, hupfen!
Wird man diese Hennen rupfen,
die den schmucken Hahn so lieben,
Köpfe mit Elan so hieben?
Wo sich Huhn und Hähne trennen,
fließt doch manche Träne, Hennen.

Am Meer

Sturm macht jede Stelle wild.
Ruhig ihn kein Wille stellt.
Wo Natur die Welle stillt,
schätzen wir die stille Welt.

Der Kuss-Streit

Alte wild beim Streiten saßen
in den stillen Seitenstraßen.

Thema: Wieviel Male küssen?
Und ob wohl auch Kahle müssen?

Manche meinten, Kinder müssen
sich vielleicht nicht minder küssen.

Joschka (Pole): "Meine Kuss
is nix schlächt, doch keine Muss."

Prahlt der Franz: Nicht Keile, Güsse
ernte er für geile Küsse.

Kontert Egon: "Keine Büste
zittert, wenn ich Beine küsste."

Fad, sagt Kurt, sind Kuss-Genüsse
ohne das Genuss-Geküsse.

Amor lande keine Schüsse,
wo man brav zum Scheine küsse.

Heiß seit jeher galten Küsse.
Wer liebt schon die kalten Güsse!

Ganz vereint im stillen Kuss
lieben Paare, killen Stuss.

Besser ist, als kahl zu müssen,
immer wieder mal zu küssen.

Die Eisenbahn (Zukunftsvision)

In die Ferne leiten Gleise.
Schöne Züge gleiten leise.
Du kannst stricken, lesen, wachen,
froh mit andern Wesen lachen.

Profis, jeder Zoll gefeit
jetzt und in der Folgezeit,
stellen alle Weichen richtig;
(ist zum Ziel erreichen wichtig!)

Friedensrat

Fürchterlich erscheinen Waffen,
weil sie Not und Weinen schaffen.
Lasst uns stets die Waffen schonen
und in Frieden schaffen, wohnen.

Gute Lektüre

Wer die Macht des Wesens lehrt,
das für uns voll Liebe wacht
und nicht irgendwie belacht,
macht Geschichten lesenswert.

Take it easy

Alter ist oft leeres Schweben,
bis wir unser schweres Leben
ohne viel Gegacker eben
schlicht dem Totenacker geben.

Der Pantoffelheld

Wie man schon an der Latte sieht:
Er ist und bleibt ihr Sattelit.

Den Eisenring um Fässer binden,
das würde er viel besser finden.

Der Wein, so sagt man, löse Beine.
Ihn aber hält die böse Leine.

Und sitzt er in der Runde steif,
wird kaum je seine Stunde reif.

Nie kann sich gegen Lust er wehren,
sein Glas nur noch bewusster leeren.

Er wird ihr stets den Rücken lecken
und sich in alle Lücken recken.

Wer kann nur dies Verlangen fassen?
Er hat sich restlos fangen lassen.

Besuch im Kloster

Steht ein Turm im Abendregen
imposant, hoch ragend eben.
Glaubt nicht, Pessimisten trauern
hinter diesen tristen Mauern.

Lasst uns ohne Handel wallen
durch des Klosters Wandelhallen.
Die Bekehrten werden handeln,
nicht mehr stur in Herden wandeln.

Von Sümpfen und Stümpfen

Was findet in den Sümpfen statt?
Die Sümpfe sind von Stümpfen satt.
Gefährlich ist's, im Sumpf zu stehen,
bald ist nur noch dein Stumpf zu sehen.

Wer sorglos auf dem Sumpfe steht,
der gleitet ab ins Stumpfe, seht!,
bis dass es aus dem Sumpfe stinkt,
in die so mancher Stumpfe sinkt.

Und haben diese Stümpfe Seelen?
Wohl kaum, weil sie die Sümpfe stehlen.
Tatsache ist, dass Sümpfe stinken,
in die fortwährend Stümpfe sinken.

Oft nagen an den Stümpfen Sauen,
die sich in trüben Sümpfen stauen.
Manch einer, der in Sümpfen steckte,
gehört zur Teufels-Stümpfen-Sekte.

Dass man auf sie in Sümpfen stoße,
ist freilich Quatsch mit Stümpfen-Soße.
Ein Frevler aus der Stümpfe Sicht
ist, wer in stille Sümpfe sticht.

Benützt du in den Sümpfen Stöckchen,
siehst du an manchen Stümpfen Söckchen.
Die aber tragen Stümpfe selten,
nie, die sich nackt in Sümpfe stellten.

Die achtlos in die Sümpfe stiegen,
sah niemals man als Stümpfe siegen.
Ganz sinnlos in den Sumpf gestellt,
hat mancher sich zum Stumpf gesellt.

Vorruhestand

Die nicht mehr ins Rennen passten,
dürfen jetzt mal pennen, rasten.
Sieh es an als milde Buße,
und aus Hektik bilde Muße.

Bringt es denn die meisten Lüste,
wenn man etwas leisten müsste?
Du kannst, statt zu toben, lauschen,
Schimpfen gegen Loben tauschen.

Manchmal Langeweile haben
deutet hin auf heile Waben.
Was dann Geist und Hände weben,
wird zuletzt auch Wände heben.

Wo Sünden münden

Exzess ist, was selbst Sünder mieden.
Lässt er auch fromme Münder sieden,
geilt er ihn auf, den Sinn der Müden,
im Norden und nicht minder Süden.

Weil nabelabwärts Sieder münden,
bleibt es nicht bei den Miedersünden.
Das Risiko, im Sud zu münden,
erfordert großen Mut zu Sünden.

Die Sage vom roten Teich
und der grünen Nixe

Wo Türme hoch von Schlössern ragen,
wo Mannen sich auf Rössern schlagen,
da führt der Weg zum roten Teich.
Dahinter liegt das Totenreich.

Wenn Kräfte nicht mehr weiter reichen,
sieht man so manchen Reiter weichen.
Durch Sieg zum Ruhm, das wollen Reiter,
gern spielten sie die Rollen weiter.

Im Teiche wohnt die Wassernixe
(glänzt ölig-grün von nasser Wichse),
berühmt dafür im roten Teiche,
dass sie den Gral den Toten reiche.

Vorüber ist das fahle Schinden,
wenn sie zu dieser Schale finden.
Statt Ruhm ist sie der Ritter Beute.
Ob's manchen nicht doch bitter reute?

Picknick an der Quelle

Die Wolken ziehn wie Schummerheere.
Der Schlemmer knackt die Hummerschere.

Beim kühlen Trunk erweisen Prasser
als Kenner sich und preisen Wasser.

Es spielen bei der Quelle Schnaken;
Schwer fällt dem Frosch das schnelle Quaken.

Und niemals sieht man Zecken schlucken.
Ob die wohl auch beim Schlecken zucken?

Die klassischen Laster

Betrunkne Leute schwanken sehr.
Die's übertrieben, sanken schwer.

Trotz aller Engelszungen Lug:
Gefahren birgt der Lungenzug!

Man macht aus dir in Soden Hack,
trägst offen du den Hodensack.

Vorlieben und Schwächen

Wer offen kämpft, braucht kein
Visier zu borgen.
Wer Weine liebt, hat kaum für
Bier zu sorgen.
Und ab und zu den lieben
Gatten schelten,
soll wirklich nur als leichter
Schatten gelten.

Auf der Alm

Wirst den Stall mit Mühe kälken.
Leichter ist das Kühemelken.

Still und gläubig werden Heiden,
wo die frommen Herden weiden.

Bringst du eine Kuh zum Rasen,
hast du keine Ruh zum Kasen.

Almenrausch und Edelweiß,
guter Schnee ist Wedeleis.

Arme Götter

Fest steht, dass nie der Spötter Geist
mit frommer Nahrung Götter speist.
Klingt das Gebet der Schwachen leer,
fällt jedem Gott das Lachen schwer.

Frommer Glaube

Nach rührenden Legenden späht
man eifrig, wenn's ums Spenden geht.

Das Glück zerbricht. Das Geld verweht.
Die ganze schnöde Welt vergeht.

Zum Himmel sich die Leiter webt,
wer dort durch Spenden weiterlebt.

Für manchen ist dies grauer Dunst,
weshalb er stur auf Dauer grunzt.

Delikatessen

Sei gewiss, kein kalter Hummer
macht mehr seinem Halter Kummer.
Doch die Platte leer zu machen
ziemt sich nicht. Viel mehr zu lachen
gibt es, wo's in Scharen wimmelt
und der Preis der Waren schimmelt.
Große Mengen Hummer schlemmen,
soll den guten Schlummer hemmen.

Müller's Lieschen

Klug ist's nicht, doch schwatzen kann's,
Himmel Herrgott Katzenschwanz.

Es entriss dem Adi roh
sein geliebtes Radio.

Wie's den Schnabel wetzte, Lord!
Stets hat es das letzte Wort.

P.S. Kein noch so feines Ziselieren
wird diese dumme Liese zieren.

Kindersegen

Dass Kinder wie ein Binder kitten,
vermuten, die um Kinder bitten.

Sich stark zu mehren wagen Zeise,
betuchte Leute zagen weise.

Hast du erst eine Masse Kinder,
dann steht es mit der Kasse minder.

Zum guten Maß die Ehe wende,
damit sie nicht im Wehe ende!

Der Profit

Möglichst viel vom Golde haben,
schafft uns Lebens holde Gaben.
Die hier Schätze Goldes heben,
denken kaum an holdes Geben.
Wer die andern lud zu geben,
hat selbst viel, um gut zu leben.

Unverbindlich

Jeder kühne Minnesänger
war auch stets ein Sinnemenger.
Doch bereit zu sein zu Ehen?
Risiko! Leicht einzusehen.

Kleine Fehler

Was bei leichtem Beben galt:
Kleine Fehler geben bald
ein Gefühl, das trostreich ist
(nur in einem Ostreich trist!),
dass man nicht der Seel' bar find'
solche, die da fehlbar sind.

Viele Leute hassen ganz
unverblümt den Gassenhans.

Kaltes Buffet

Nicht an vollen Tischen fasten
und nach kleinen Fischen tasten!
Nachtigall und Wachtelspeise?
Sage nein und spachtel weise.

Im Trend

Bei kaum begehrter Handelsware
lässt man im Lauf des Wandels Haare.
Instinkt der Penetranten nennt
als Ziel den sogenannten Trend.

Der madige Mensch

"Wie sind manche Maden fade!"
sprach die kleine Fadenmade.

Mancher findet heute lässlich:
"Wie sind manche Leute hässlich!"

Mohammeds Enkel

Zu fettem Fleisch vom Borstentier
bevorzugt Schneider Torsten Bier.
So kommt stets rund und satt er her,
doch auch zu leiden hat er sehr.

Bestimmte andre feiste Gäste
begehn in anderm Geiste Feste.
Da gibt's zum Hammel eben Lauch.
Die Hammelesser leben auch.

Sie würden stur vor leeren Tassen
sich federn und auch teeren lassen,
statt dass sie von dem Tier mit Borsten
hier nähmen und ein Bier mit Torsten.

Rappelköpfe

Oft sieht man Gestalten im
Zappelkopf-Reigen,
die alle Symptome von
Rappelkopf zeigen.
Wo nie es gelingt,
überlegen zu siegen,
da scheint dies am mangelnden
Segen zu liegen.

Schnipsel

Wetterbericht
Wenn Schwaden über Gipfeln weben,
wird's Nässe in den Wipfeln geben.

Familien-Frust
Mitnichten lässt die Sippe grüßen,
soll Tee sie dir bei Grippe süßen.

Klarstellung
Gar grausam ist die Sippenhaft.
Und Ziegenmilch ist Hippensaft.

Nachtschwärmer
Wenn's Nacht wird, gehn zum Festtagsreigen
die jetzt nicht länger Resttagsfeigen.

Die Wunderheiler
Wenn Krankheit nur zum Scheine schwand,
gilt das für mich als Schweineschand'.

Des Reimes wegen
Schnippische Ziege heißt rohe Hippe.
Köstlich zu schmausen ist hohe Rippe.

Erziehung zur Beständigkeit
Die Jacke nach dem Winde kehren,
soll früh schon man dem Kinde wehren.

Nur Mut!
Mut und Geschick verwandeln Hürden,
wenn wir beherzter handeln würden.

Alles in Ehren
Die Ernte heißt auch Früchte-Zeit.
Verrucht, wer ohne Züchte freit.

Weibliche Zierde
Jung gleicht's der Form des festen Balls
und später Fallobst bestenfalls.

Da irrte Salomo
Prügeln soll die Liebe heben?
Besser ohne Hiebe leben!

Bitte
Zeit vergeht in Windeseile.
Du, mein Liebstes, indes weile!

Vor langer Zeit
Gartenlaube. He! Der Falter
saugt an meinem Federhalter.

Ewige Treue
Dass er stets am Bandel war,
schien ihm nicht mehr wandelbar.

Anpassung
Im Winter ihr meist frommer seid,
wenn lustvoll ihr im Sommer freit.

Beispielhaft
Die Kamele, prüde Rassen,
werden niemals rüde prassen.

Sehnsucht nach Originalität
Wer strebt, verbrauchtes Wort zu sparen,
hilft Spaß am Schüttelsport zu wahren.

Schüttel-Orte*

Altenhain

Sonderfahrt. In Altenhain
stoppt der Bus. Wir halten ein.
Keiner wird in Hainen alt,
doch man wünscht sich einen Halt.

Barkenstange

Tollwut herrscht in Barkenstange;
da wird auch den Starken bange.
Schlingert erst die Stangenbarke,
zittern Schwache, bangen Starke.

Bitterfeld

Was macht man in Bitterfeld,
dass ein Hund sich fitter bellt?
Wenn ich ihn auf Felder bitt',
bellt er sich dann bälder fit?

Frauenhagen

Stets musst du in Frauenhagen
Frauen vor dem Hauen fragen,
während mit Behagen Frauen
Männer ohne Fragen hauen.

---

* Bei manchen dieser schüttelgereimten Orte ist eine Ergän-
zung durch Drehreime möglich, wo sich die Konsonanten
nicht tauschen lassen. Es ergeben sich also in manchen Fällen
keine echten Doppelschüttelreime.

Grafenhausen

Bei dem Fund in Grafenhausen
tat es uns am Hafen grausen.
Als Vampire hausen Grafen
lüstern an dem grausen Hafen.

Gutenpaaren

Weißt du, dass in Gutenpaaren
sie in Asche Puten garen?
Kommt zum Fest in Paaren. Guten
Appetit zu garen Puten.

Hippenweiler

Auf und nieder wippen Heiler
bei der Kur in Hippenweiler.
Während noch die Heiler wippen,
meckern laut im Weiler Hippen.

Kalteneck

Altersheim in Kalteneck.
Man fand manchen Alten keck.
Pfeift's auch um die Ecken kalt,
werden doch die Kecken alt.

Langenbogen

Christen, die trotz Bangen logen,
fanden wir in Langenbogen,
wo sie dann verlogen bangen
und nach Pfeil und Bogen langen.

Niederlehme

Inhalt froher Lieder nehme
gern ich auf in Niederlehme.
Als Arznei auch nehme Lieder.
Regen geht im Lehme nieder.

Niederwasser

Vormittags in Niederwasser
war die Straße wieder nasser.
Schnee ging auf dem Wasser nieder,
und wir wurden nasser, wieder!

Niederwetter

Nachmittags in Niederwetter
war das Wetter wieder netter.
Kurz nur war es netter. Wieder
ging ein schweres Wetter nieder.

Niederwiesen

Anderntags in Niederwiesen
musste mancher wieder niesen.
Hagel fiel auf Wiesen nieder;
selbst die Frösche niesen wieder.

Rippenweiher

Überall in Rippenweiher
auf den Bäumen wippen Reiher,
und du siehst im Weiher Rippen,
wenn die satten Reiher wippen.

Seidewitz

Vogel fand in Seidewitz
einen stillen Weidesitz.
Ihr, die ihr für Witze seid,
fragt mich nicht (ich sitze weit),
was er wohl in Kronen baut?
Frage dumm wie Bohnenkraut.

Seiferitz

Mancher weiß in Seiferitz:
Hirn ist auch der Reife Sitz.
Dass man schlecht die Ritze seif',
gilt als alterssitzereif.

Tiefenrot

Viele Bürger riefen Tod!,
nach dem Mord in Tiefenrot.
Es bewog die Roten tief,
wie man nach dem Toten rief.

Wallenhagen

In den alten Hallen wagen
sie zu brau'n in Wallenhagen.
Trinker mit Behagen wallen,
wo die leeren Wagen hallen.

Wegeleben

Gern, so sagt man, lebe wegen
Arbeit man in Wegeleben.
Suche dir im Leben Wege.
Nicht der Arbeit wegen lebe!

Der lose Hang

Breit macht, wo du emsig rangst,
unter anderem sich Angst.
Ist erst mal die Hose lang,
kommt zum Sex der lose Hang.

Der verwöhnte Musensohn
nascht nicht nur bei Susen Mohn.
Fragen wird er keine müssen,
will er ihre Beine küssen.

Wo der Musen Gabe ruht,
krächzt selbst noch ein Rabe gut.
Doch du bist erst selig, Kind,
wenn die Laute kehlig sind.

Voller Argwohn scheinst du mir,
und am Ende meinst du schier,
triftig einen Grund zu haben,
nach dem toten Hund zu graben.

Die Versprechen, schwank und leer,
machen Warten lang und schwer.
Der bewährte Mohn der Suse
wird dich zähmen, Sohn der Muse.

Umstritten

Lohnt es, mit dem Schoß zu löhnen,
um sein Lebenslos zu schönen,
sich von Reli loszumachen,
sorglos über Moos zu lachen,
statt sich keusch und lahm zu schonen?
Manchmal scheint sich Scham zu lohnen.

Großvater und die Piraten

Grausig droht der Ahn zu kentern,
als man kam, den Kahn zu entern.

Rettung oder leichte Beute?
Hört, was ich euch beichte, Leute!

Die Piraten, lose Heiden,
mochten keine Hose leiden.

Zu Beginn noch Tänze, Schwatzen
und schlussendlich Schwänze, Tatzen!

Dann geschieht's: Drei heiße Wilde
nehmen sich die weiße Hilde.

Grell hört man am Mast sie lachen.
Doch sie sagt nur: "Lasst sie machen!"

Noch trägt sie aus Bast ein Röckchen,
doch macht jemals Rast ein Böckchen?

Was noch kann am Rest euch freuen?
Wird's doch, wenn ihr's fresst, euch reuen!

Die Macht des Wissens

Wie man uns sagt, ist Wissen Macht.
Wer fürchtet, es zu missen, wacht.
Wer zag auf jede Hürde weist,
weiß nicht, dass Wissen Würde heißt.
Spurt, wenn ihr überragen wollt:
Die Zeit vergeht! Der Wagen rollt!

Frühling im Tierreich
von A bis Z

Im Zoo lockt jetzt der geile Affe,
dass man nach ihm in Eile gaffe.

Wenn es der Antilope passt,
hat mit dem Akt kein Pope Last.

Die liebestolle Assel meint:
"Der Trend in dem Schlamassel eint."

Erwacht ist auch der matte Bär.
Kein Pelz steht zur Debatte mehr.

Sagt Biberin mit Biberlist:
"Ich tu's nur, wenn du lieber bist!"

Durch wildes Schwirren schocken Bienen,
die eben noch zu bocken schienen.

Stur sieht der starke Büffel rot,
wenn man statt Lob ihm Rüffel bot.

Sehr munter ist der liebe Dachs.
Er fischt gern - wie die Diebe - Lachs.

Und wozu hat der Distelfink
jetzt wohl sein kleines Fistelding?

Die jungen Drosseln bosseln dreist,
wenn sie der Rat zu drosseln beißt.

Zum Echsenmann treu halte, Echse.
Sei lieb und keine alte Hexe!

Sehr spät erst geh in Rente ich,
protzt der aktive Enterich.

Als Bauerntrost im armen Wesel
vermehren sich die warmen Esel.

Was soll's, sagt sich die Eule halt,
mich macht sonst sein Geheule alt.

Im Laub ist Frühling, wissen Fliegen,
die leicht sich und beflissen wiegen.

Es macht die heißen Gämsen wild,
wenn Füllung es von Wämsen gilt.

Der Hals, der lange, schwillt der Gans.
Als Augenweide gilt der Schwanz.

Voll Anmut die Gazelle schweigt,
wenn sie sich auf der Schwelle zeigt.

Zur Hochzeit rüsten satte Gimpel.
Jetzt tut es auch kein Gatte simpel.

Nun weiß man, was die Grillen wollen.
Wer wird ob solchem Willen grollen?

Wo steif es die Giraffen wagen,
sieht Hälse man wie Waffen ragen.

Zwölf Hennen sieht ein weißer Hahn;
da überkommt ihn heißer Wahn.

Durch Training macht sich fit der Hase
zum Frühlingssprung als Hit der Phase.

Den nicht mehr jungen Hammel reut
Versagen beim Gerammel heut'.

Im Karpfenteich den sturen Hecht
empört es, wenn ihr Huren stecht.

Der Frühling scheint dem Hirsch zu passen.
Im Herbst lernt er die Pirsch zu hassen.

Nichts wird uns mehr Frau Holle tun,
frohlockt entzückt das tolle Huhn.

Nach Nektar suchen Brummer-Hummeln,
die beim Geruch von Hummer brummeln.

Wenn der verliebte Hummer schlemmt,
fühlt er, wie dies den Schlummer hemmt.

Es bellt sich sinnlos heiser wund
ein nicht gerade weiser Hund.

Das weiche Mäulchen spitzt der Igel.
Die sanfte Tour ist itzt der Spiegel.

Leicht taumelig erscheinen Käfer.
Der Taumel schont auch keinen Schäfer.

Der Kater stimmt die Katze mild,
die zwischendurch Piepmatze killt.

Zum Hochzeitstanz die Kröte fleucht,
die sonst nur träg zur Flöte kreucht.

Der Stier hat sich die Kuh genommen.
Bei ihm ist es im Nu gekommen.

Wie Kroko auf ein dil gestiegen,
fand Krokodil im Stil gediegen.

Nun soll sich auch das Lama mehren.
Wie das so geht, wird Mama lehren.

Was tust du mit dem langen Fuchs?
Du musst die Lüchsin fangen, Luchs!

Schwer fällt dem scheuen Lurch zu decken.
Die Lurchin weiß sich durchzulecken.

Es quietscht vergnügt die runde Maus.
Das Futter schaut zum Munde raus.

Man hört die blaue Meise lachen,
wenn sie und er es leise machen.

Was ist nur mit der Möwe los?
Und warum frisst der Löwe Moos?

Toll treiben's auch gestrenge Molche,
darunter jede Menge Strolche.

Wenn sie den Schrank der Lotte meiden,
muss wahrlich keine Motte leiden.

Im ersten Frühlicht gleißten Mücken.
Der Frühling wird den meisten glücken.

Was spielend leicht die Mücke tut,
beweist auch - neben Tücke - Mut.

Bei prall gefülltem Nattermagen
muss manche Natter matter nagen.

Das Lustgehabe steifer Ottern
lässt Omama vor Eifer stottern.

Nichts mahnt an Winters rauen Pfad.
Begeistert drehen Pfauen Rad.

Die Stute im Gefilde wehrt
sich kaum, das weiß das wilde Pferd.

Man sieht den runden Pudel rennen.
Er mag nicht mehr im Rudel pennen.

Nun rege deine Pfote, Qualle,
dass nicht die Nachwuchsquote falle!

Ganz mutig werden scheue Raben.
Sie überlassen Reue Schaben.

Ein heller Laut im reinen Klee,
der kommt von unserm kleinen Reh.

Auf Weiden steht das keusche Rind.
Jetzt kommen seine Räusche, Kind!

Der Frühling lockt das breite Schaf,
dass es zur Paarung schreite brav.

Ein Fest ist, wie die Schlange leckt,
und wie hernach sie lange schleckt.

Alt-Schnecke in der Hecke schnieft,
wenn Schnecke sich auf Schnecke hievt.

Wenn viel zu früh die Schwalbe singt,
man bald den Topf mit Salbe schwingt.

Laut ruft ein liebeskranker Schwan.
Sein Hals ruckt wie ein schwanker Kran.

Es grunzt vergnügt das kleine Schwein.
Im Frühling sind die Schweine klein.

Sehr unscharf hat der Specht gezielt,
als hätte er bezecht gespielt.

Auf Gattenmord die Spinne sinnt,
die in gewissem Sinne spinnt.

Gar heftig brüllt der geile Stier.
Bei ihm merkt man die steile Gier.

So hasch mich doch! Das Stinktier winkt.
Doch Vorsicht! Dieses Winktier stinkt!

Die Stimmung scheint gehoben, Storch,
die Störchin nicht gestoben, horch!

Wenn's in der Gartenlaube taut,
gurrt die verliebte Taube laut.

Den Kampf erproben sollen Tiger.
Die Beute winkt dem tollen Sieger.

Die Triebe sind der Unken Falle.
Im hellen Frühling funken alle.

Was kann jetzt noch die Waldmaus halten?
Nun gilt nur noch statt "halt Maus" walten.

Nichts muss das alte Walross missen.
Nun willst du es noch mal, Ross, wissen.

Wenn Hafer arg Frau Wiesel sticht,
verlangt sie: Sei kein Stiesel, Wicht!

Auf Zehen steht der steile Wurm.
Bei ihm herrscht eine Weile Sturm.

Im Münch'ner Zoo ein Zebra bockt,
weil man darum in Bebra zockt.

Ob Zecken sich beim Decken zanken?
O nein! Die kleinen Zecken danken.

Die Zeit lässt kaum der Zeisig rinnen.
Jetzt baut er sich aus Reisig Zinnen.

Das Lied der Fress-Zikaden schallt.
Sie lässt, dem Baum zu schaden, kalt.

Der verärgerte Weihnachtsmann

Raue Winde walten kalt.
Spät komm' ich vom kalten Wald.
Schokolade, bitterzart,
hängt an meinem Zitterbart.

Einst war ich ein Riesenmann,
ging ans Herz der Miesen ran.
Schadhaft ist mein Rabenhut,
in dem Soll und Haben ruht.

Immer mehr zu Schund geriet,
was im Erdenrund geschieht.
Weint, wenn ihr die Rute spürt,
falls euch mein Gespute rührt.

Raue Winde walten kalt.
Bald bleib' ich im kalten Wald.
Alte Augen werben still,
weil ich endlich sterben will.

Solche und solche

Bei vielen ist die Rasse klar.
Bei manchen ist die Klasse rar.
Verbohrte Streber rücken leicht,
was stets zu neuen Lücken reicht.

Der Kenner

Urteil eines alten Hechtes:
Kleine BH halten Echtes.
Große Körbchen klemmen Masse.
Das ist nur für Memmen klasse.

Aus Schüttelreimers Sexikon

Stehst du wie ein Rex im Samen,
dann empfiehlt sich Sex im Rahmen.

Wenn zwei im Wald es lose machen,
hört man den Troll im Moose lachen.

Besser sehr bis maßlos spinnen,
als nur schlicht und spaßlos minnen.

Willst du Sex in freien Lagen,
Profis, niemals Laien fragen.

Lust auf den tiefsten Nenner sackt,
siehst du den fetten Senner nackt.

Tut er es nur noch ex und hopp,
denkt sie wie eine Hex'. Und ob!

Gib acht, mein Schatz, das Steißbein
empfiehlt sich nicht als Beißstein.

Stark jucken unter Hosen Lenden
dem Grapscher mit den losen Händen.

Der Maso findet Nesseln fein
und sagt auch nie zu Fesseln nein.

Wo ihr von Lust und Reizen sprecht,
ist euch statt Klemmen Spreizen recht.

Wer außer Rand und Band geriet,
entdeckt noch manches Randgebiet.

Geschüttelte Palindrome

Tischordnung
Setzen wir doch *neben Anna,*
als wärs Zufall, eben Nana.

Nach dem Unglücksfall
Fromme Wünsche sind *nun tot.*
Neue Wege, die tun not.

Zölibat
Was im Mönch integer ruht,
ein Verliebter *reger tut.*

Wundersame Rettung
Nie zuvor war Retten netter.
Großen Dank dem *netten Retter.*

Ohne Gewähr
Kains Gemahlin, *Madam Anna,*
war für Vater Adam Manna.

Altes Pferd und junger Esel
Dieses alte *Reittier nun*
lässt wohl jeden Neid, Tier, ruhn.

Dame von Welt
Die elegante Missis Sam
ist uns bekannt als *Sissis Mam.*

Die lieben Verwandten
Fiese Tanten *neppen* Steffen.
Mit den *netten* steppen *Neffen.*

Keine Kalorienzählerei
Pünktchen auf dem i nie messe
ich, auch wenn ich *minim esse.*

Auf der Piste
Diese forschen *Rotor*-Männer
sind erprobte Motor-*Renner.*

Warten auf den Erlöser
Wer soll uns schon retten, Narr?
Immer sind die *Netten rar.*

Schwerer Abschied
Letzte Fahrt für *Stilist Bob.*
Für sein Oldmobil ist Stop.

Stoßseufzer
Ach ich bin nur Piggis Sepp.
Hätte ich doch *Siggis Pep!*

Alarm
Bei Gefahr den Rotton *nennen*
lässt auch dich beim *Notton* rennen.

Kostümfest
Weiße Chemisetten, *Natan,*
zieren einen *netten* Satan.

Schleckmäulchens A und O
Am liebsten mag ich *Maoam.*
Für mich sind sie das AO, *Mam.*

Bob und Robert, die ungleichen Freunde
Bargeld ist bei *Bob stets rar.*
Zechen zahlt Freund Rob *stets* bar.

Bekenntnis erleichtert
Sünden, die ihn reuen, nenn' er.
Beichten sind die *neuen Renner.*

Keine Überlebenden

Neulich zerschellte ein bemanntes
Raumschiff
an einem schroffen, gefährlichen
Schaumriff.
Es entstand kein größerer
Baumschaden,
doch die Passagiere gingen im
Schaum baden.

Umweltschutz

Wo voller Vertrauen im
Kreise wir liegen,
und spät die Erfahrung ganz
leise wir kriegen:
Was einst nur bestimmt war, uns
einsam zu mahnen,
beginnen wir heute
gemeinsam zu ahnen.

Irrtum

Grundlos füllt ein Glaser was
Dickliches ins Wasserglas.
Und so hat im Glas er was?
Statt des Wassers Wasserglas.

Definitionen

Fliegenfalle	=	Sonnentau
Großes Ferkel	=	Tonnensau
Rindviehwiese	=	Weideland
Klagemauer	=	Leidewand
Schlüsselvorsprung	=	Zackenbart
Jugendfrische	=	Backen zart
Alpenblume	=	Edelweiß
Winterpiste	=	Wedeleis
Kaugebissteil	=	Backenzahn
Blitzgebilde	=	Zackenbahn
Omas Schreibzeug	=	Tintenflasche
Jägerrüstzeug	=	Flintentasche
Unrechtsgipfel	=	Sippenhaft
Milch der Ziege	=	Hippensaft
Volle Pulle	=	Riesenwein
Weidegrenze	=	Wiesenrain
Leises Fahrzeug	=	Schienenbus
Wilde Impfung	=	Bienenschuss
Graue Wolken	=	Schummerheere
Schwer zu knacken	=	Hummerschere
Schlimme Seuche	=	Rattenpest
Taschenfetzen	=	Pattenrest
Sturmestosen	=	Riesenwind
Zahmes Haustier	=	Wiesenrind
Witwentröster	=	Minnesänger
Psychiater	=	Sinnemenger
Arges Übel	=	Hasserwahn
Segensspender	=	Wasserhahn
Großer Fachmann	=	Gildemeister
Kognakbohnen	=	milde Geister
Frühlingsblüher	=	Heckenrose
Witwentrauma	=	Reckenhose
Volkes Erbe	=	Liederwesen
Zu empfehlen	=	Wiederlesen

Das Vollendete

Wer stets mit großer Strenge leicht
Beträchtliches an Länge streicht,
klebt nicht an seinen Rollen fest
und kommt zum wirkungsvollen Rest.

Weil Leichtes, sich erhebend, schwebt
und deine Geister schwebend hebt,
erreichst du auf die Weise leicht,
dass alles Schwere leise weicht.

Befrage jeder sein Gedicht.
Hat dieses wirklich dein Gesicht
als Spiegelbild, ganz rein und klar?
Vollendetes ist klein und rar.

Die Taten der Toten

Einer meiner toten Paten
zählte zu den Potentaten.

Wenn sich die Bedrohten nahten,
ließ er harte Noten drahten.

Wo sie ihn zu Broten baten,
wusste er, sie boten Braten.

Gern tat er vor roten Katen
seinem Hund zum Koten raten.

Friede sei dem toten Paten.
Hol' der Teufel Potentaten!

Das stille Geben

Der Geiz ist unsres Lebens Gicht.
Hell macht den Geist des Gebens Licht.
Wer gibt und dies voll Güte tut,
fühlt sich bei leerer Tüte gut.

Und wer das stille Geben liebt,
erlebt, dass ihm das Leben gibt,
was anderen im Trane sinkt
und er wie süße Sahne trinkt.

Bundesschatzbriefe

Du hoffst und glaubst, es leite Segen,
wenn Geld wir auf die Seite legen?
Was sparsam wir in Mulden schachern,
das leihen wir den Schuldenmachern.

Betrachtet die Spinner mit Nachsicht

Der Blüten Düfte wehen still,
indes die Frucht bestehen will.
Den Stoff für faule Witze speist,
wer stets nur auf die Spitze weist.

Wer öfters vor der steilen Wand
ganz ratlos im Verweilen stand,
weiß, dass wir alle Spinner sind
und achtet, was ein Sinner spinnt.

Abgesang

Schwer am Ruhm der Lieder nagen
Krankheit, Unglück, Niederlagen.
Du kannst sie im Herzen schmecken,
wo sie Leid und Schmerzen hecken.

Naht das Schicksal zitterbärtlich
und umarmt dich bitter-zärtlich,
fühlst du, was da lebt und streitet
und im Grund doch strebt und leitet.

Wo die Fahnenschwinger fielen,
hatten sie am Finger Schwielen,
wenn sie auch den Hund verscharrten,
während sie beim Schund verharrten.

Fluchtversuche lassen Bleiber.
Efeu schmückt die blassen Leiber.
Welcher Teufel meist dich ritt,
ist egal, es reißt dich mit.

Was soll solcher Hang besagen?
Möge euch der Sang behagen
aus des Schüttlers Liederwesen.
Lebt nun wohl! Auf Wiederlesen!

2

Echoreime

Zum Echoreim

Für Echoreime, die auch Zwillingsreime genannt werden, verwendet man Reimwörter, die bei gleichem Klang und gleicher oder abweichender Schreibweise eine andere Bedeutung haben, z.B.

Fest steht, so mancher Vater schafft
auch auswärts eine Vaterschaft.

oder

Der Gammler

Manchmal isst zum Butt er Brot,
selten ohne Butter Brot,
meistens einfach Butterbrot.

Mehrfachreime sind bei den Echoreimen keine Seltenheit, man muss sie nur finden.

Im Gegensatz zum Schüttelreimen macht Echoreimen nicht süchtig. Bei diesem Virus fehlt der Dreheffekt, der das Schüttelreimvirus so gefährlich macht. Dennoch ist auch hier eine gewisse Vorsicht geboten.

Zu Risiken und Nebenwirkungen lesen Sie die HEILE WELT, das Fachorgan der Schüttelreimer, oder fragen sie einen Schüttelreimer und/oder Echoreimer.

Kontaktadresse für HEILE WELT
Werner Terpitz
Sonnenbergweg 13
53424 Remagen-Oberwinter
Tel. 02228/7026, Fax 7025

Vaterschaft

Fest steht, so mancher Vater schafft
auch auswärts eine Vaterschaft.

Wenn er's auch nicht bei Jungfern schafft;
die hüten ihre Jungfernschaft.
Sie wissen, dass die Leidenschaft
im Grunde nichts als Leiden schafft.

Ganz leicht er es bei Mutter schafft;
daheim gibt's öfter Mutterschaft.
Und weil er stets auch Paten schafft,
läuft manche gute Patenschaft.

Zuweilen er's bei Witwen schafft,
die müde sind der Witwenschaft.
Und weil er ohne Zeugen schafft,
scheut er auch keine Zeugenschaft.

Dieweil er stets so eigen schafft,
ist Vatersein die Eigenschaft,
die's ohne Mutters Wissen schafft.
Fast grenzt dies schon an Wissenschaft.

Weil heimlich er's zu machen schafft,
sagt bei Verdacht er "Machenschaft."

Die Weihnachtsgans

Bei Festmenü und Wein acht' ganz
besonders ich auf Weihnachtsgans.
Und Feste gibt's, die weih' nachts ganz
dem Schmause ich der Weihnachtsgans.
Du wirst verspeist zur Weihnacht ganz,
hast keine frohe Weihnacht, Gans.
Und während ich noch wein', acht' ganz
im Innern ich die Weihnachtsgans.

Stoßseufzer eines Geplagten

Seit langer Zeit schon, ei, versucht
die Inge voller Eifersucht,
indem sie voller Eifer sucht
mich zu ertappen. Ei, verflucht,
mir bleibt bei diesem Eifer Flucht
nur vor der dummen Eifersucht.
Bei Inge ist der Eifer Sucht.

Steppengras

Sommers wächst auf Steppen Gras.
Herden lieben Steppengras.
Wächst dort, wo wir steppen, Gras?
Manchmal, doch kein Steppengras.

Vogelbeeren

Wie gerne schmaust ein Vogel Beeren!
Am liebsten pickt er Vogelbeeren.

Im Herbst hört man den Vogel klagen.
Es sind die alten Vogelklagen,
wenn Gärtner mit den Heckenscheren
die schönen bunten Hecken scheren,
in denen sie Insekten finden,
die sich dort oft in Sekten finden.
So halten sie die Hecken rein.

Viel schöner ist ein Heckenrain,
aus dem so oft der Vogel sang.

Im Frühling hört man Vogelsang
aus ungestutzten Rosenhecken,
wo Vögel keine Rosen hecken,
statt dessen kleine Vogelkinder.
Die haben keinen Vogel, Kinder,
und picken außer Vogelbeeren,
so wie ein großer Vogel, Beeren.

Naseweis

Was der kleine Naseweis
mit der roten Nase weiß:
Wäre seine Nase weiß,
bliebe er doch naseweis.

Ist auch seine Nase lang,
geht er nie der Nase lang
und fällt alle naselang
auf die arme Nase lang.

Arbeitslos

Mensch, für dich ist Arbeit Los.
Bist du mal die Arbeit los,
sagst du murrend "arbeitslos",
und du forderst: "Arbeit, los!",
biblisch unterm Arbeitslos.

Das private Himmelreich

Wer selbst sich eine Wand erschafft,
der geht nicht auf die Wanderschaft.
Er schätzt enorm sein liebes Nest,
und meistens ist's ein Liebesnest.
Ihm scheint kein fremder Himmel reich
wie sein privates Himmelreich.

Bescheuert

Es stellt der Mann meist scheuer fest:
Der Hausputz ist kein Scheuerfest.
Hält er die Frau nun scheuer fest?
Nein, er verlangt: "Nun scheuer' fest!"

Wassersucht

Wer genau weiß, was er sucht
und gezielt nach Wasser sucht,
hat zwar eine Wassersucht,
aber keine Wassersucht (Ödem).

Warnung

Hütest du die Ziegen, Peter,
auf den kalten Wintersteppen,
kriegst vielleicht du Ziegenpeter
und kannst nicht im Winter steppen.

Das Riesenrad

Was stets ich allen Riesen rat':
Setz' dich zum Spaß ins Riesenrad.
Es bringt für alle Riesen Rat,
denn es ist nur der Riesen Rad.

Doch brauchst du einen Riesenrat,
dann bilde einen Krisenrat,
der dir in deinen Krisen rat'.
Er weiß in allen Krisen Rat
und das ganz ohne Riesenrad.

Bügeleisen

Du hast einen Bügel, Eisen,
darum heißt du Bügeleisen.
Doch sagt einer "bügel, Eisen!",
das vermag kein Bügeleisen.

Frösche unter sich

Um sein Leben wett' er, Frosch,
sagt der alte Wetterfrosch:
Es gibt gutes Wetter, Frosch!

Therapie mit Wasserfarben

Löst du geschickt in Wasser Farben
und machst mit einem Pinsel Striche,
ganz viele bunte Pinselstriche
auf ein Papier mit Wasserfarben
und malst, als wenn ein Meister werke,
entstehen wie in Seelenspiegeln
Buntbildchen, die die Seelen spiegeln,
womöglich kleine Meisterwerke.

Bekehrung

Dass man reinen Sinnes wandel,
braucht es, dass den Sinn es wandel,
oft perfekten Sinneswandel.

Armenrecht

Machst du es allen Armen recht,
ruhst du in ihren Armen recht.
Doch suchen diese Armen Recht,
dann klagen sie auf Armenrecht.

Fahnenflucht

Wer lästernd über Fahnen flucht,
ergreift nicht vor den Fahnen Flucht,
doch neigt er stark zur Fahnenflucht.

Edel sei der Mensch

Das Gute fand stets edel man
und schätzte hoch den Edelmann.
So sei auch du nun edel, Mann!

Jedem das Seine

Tiere, die im Wasser leben,
können dort oft was erleben,
das sie freut am Wasserleben.

Was spritzt man bei Feuer? Wasser.
Trinker schwört auf Feuerwasser.
Und so spritzt bei Feuer was er?
Hoffentlich nicht Feuerwasser.

Würden wir im Wasser leben,
könnten wir dort was erleben,
das uns stört am Wasserleben.

Spiegelei

Schaust du in einen Spiegel, ei,
siehst mehr du als nur Spiegelei.
Was aber soll die Spiegelei?

Saubermann

Bei dem alten Saubär, Mann,
macht zwar selten sauber man.
Seinen Ruf als Saubermann
find' ich trotzdem sauber, Mann.

Das Eigentum

All mein Geld und all mein Gut
ist für mich und andre gut.
Alles, was ich bin und habe,
zähle ich zu meiner Habe.
Und was immer ich besitz',
nehme gern ich in Besitz.

Sorgenkinder

Für viel Freude sorgen Kinder.
Nur die lieben Sorgenkinder
machen uns oft Sorgen, Kinder.

Wasserwaagen

Es braucht kein Mensch, gleich was er wage,
zum Wiegen eine Wasserwaage.
Auch wenn ich mich ins Wasser wage,
benütz' ich keine Wasserwaage.
Fragt mal den Maurer, was er wage
zu bauen ohne Wasserwaage.

Morgenstern

Leuchtest du am Morgen, Stern,
freu ich mich am Morgenstern
so wie weiland Morgenstern.

Spielarten

Wenn ich auf den Saiten spiele,
klingen meine Saitenspiele
zauberhaft für manches Ohr.
Wenn ich auf zwei Seiten spiele,
gibt es süße Seitenspiele
manchmal nach und oft davor.

Wenn ich mit dem Feuer spiele,
sind das keine Feuerspiele,
dennoch brennt es lichterloh.
Doch wenn ich im Wasser spiele,
machen kleine Wasserspiele
munter mich und frisch und froh.

Wenn ich auf dem Rasen spiele,
finden diese Rasenspiele
meistens nur im Sommer statt.
Weil ich sie im Sommer spiele,
nennen wir sie Sommerspiele;
danach bin ich meistens matt.

Wenn ich mit dir, Liebes, spiele,
dann sind unsre Liebesspiele
schön so wie am ersten Tag.
Wenn ich mit der Liebe spiele
oder gar nur Liebe spiele,
ist das gegen den Vertrag.

Wenn ich Schach im Winter spiele,
sind das keine Winterspiele.
Gerne spiele ich mit dir.
Treibe nicht mit Wechsel Spiele!
Ich mag keine Wechselspiele.
Bleibe treu und spiel' mit mir.

Der Gammler

Manchmal isst zum Butt er Brot,
selten ohne Butter Brot,
meistens einfach Butterbrot.

Der echte Wagemut

Fast niemals reicht der vage Mut.
Man braucht, damit man's wage, Mut,
und zwar den echten Wagemut.
Braucht man für eine Waage Mut,
dann spricht man nicht von Waagemut.

Mittellos

Bist du alle Mittel los
und am Ende mittellos,
schaffe neue Mittel, los!

Durch die Blume gesagt

So erhöre, was er, Rose,
sagt dir durch die Wasserrose,
sonst geht er ins Wasser, Rose!

Wunschtraum

Ja dieser Anblick: Wolken, Meer.
Ganz licht wird schon das Wolkenmeer,
und dann gibt's keine Wolken mehr,
nur Meeresstrand und Wellenspiel.
Wenn ich so mit den Wellen spiel',
vergesse ich das Stadtgewühl,
denn hier herrscht Stille statt Gewühl.

Wie gern wär' ich am Mittelmeer,
doch hab' ich keine Mittel mehr.
Jetzt schreib' ein Buch ich über "Leben".
Vielleicht reicht es zum Überleben
und für ein neues Kraftmobil.
Die Hoffnung macht die Kraft mobil.
Ich höre immer mehr es rauschen;
das klingt, als wär' es Meeresrauschen.

Aberglaube

Ist nicht Wissen, aber Glaube.
Wenn ich *nicht* weiß, aber glaube,
nennt man solches Aberglaube.

Der Gelegenheitskoch

So wie Frauen Rinder braten,
wollte mal vom Rind er braten,
was man isst als Rinderbraten.

Die alte Uhr

Du schwärmst von der Uhr groß, Vater.
Diese alte Uhr, Großvater,
schätzte schon dein Urgroßvater.

Schützenfest im Dorf

Um die Ecke bogen Schützen,
lauter fesche Bogenschützen,
die die alten Bogen schützen.

Greift zu Pfeil und Bogen, Schützen,
dass der Pfeil nun flitze, Bogen!
Guter alter Flitzebogen.

Die Sore

Was ist eines Diebes Gut?
Sore nennt man Diebesgut.
Selten hat ein Dieb es gut.

Widersinn

Prüfst du manchmal, wie der Sinn
schwand aus einem Widersinn,
dann bekommt es wieder Sinn.

Der Sängerstreit

Am Anfang hatten Sänger Streit,
doch später dann beim Sängerstreit
nur Friede, Freude, Eierkuchen.
Am Abend gab es Eier, Kuchen
und kühles blondes Weizenbier.
(Wer sucht denn schon im Weizen Bier?)

Weil man noch voller Tatendrang
sehr spät auf neue Taten drang,
war es vorbei mit Waldes Ruh;
man sang sehr laut die Waldesruh,
doch klang es mehr wie Hundelaut.
Im Dorfe bellten Hunde laut.

Am meisten wollte Peter wagen,
der landete im Peterwagen.
Dann waren auch die Hunde müde
und alle Sänger hundemüde.
Am Morgen hatten Sänger Streit,
das war das End' vom Sängerstreit.

Rechenschaft

Wer fleißig mit dem Rechen schafft,
den zieht man nicht zur Rechenschaft.
Doch wer es sich zu rächen schafft,
von dem verlangt man Rechenschaft.

Tat und Täter

Wer duldet das Gericht ergeben?
Es soll auch manche Richter geben,
die Tätern fast das Wasser reichen.
Glaubt ihr, die könnten was erreichen?

Du willst dein Ohr zum Täter neigen?
Ruchlosigkeit ist Tätern eigen.
Wo Opfer sich des Täters trafen,
heißt es zu Recht: Den Täter strafen!

Winzer unter sich

Es denken alle Winzer fest
an ihr Geschäft beim Winzerfest.
Es ist seit je der Winzer Fest.

Undankbares Geschäft

Bei mir bleibt stets die Tinte nass.
Ich bin ein echtes Tinten-Ass.

Wo viele sich am Reim erfreuen,
da darf sich auch der Reimer freuen.

Doch selten kriegt ein Reimer, ei,
mal Geld für seine Reimerei.

Sorglos

Machst du dir keine Sorgen, Kind
und pfeifst auf alle weisen Lehren,
wie sie seit je die Weisen lehren,
dann bist du bald ein Sorgenkind.

Neue Anschaffung

Bezahlt soll das in Raten werden.
Ob's gut geht, darf geraten werden.

Bald werden solche Schulden Last.
Es drückt die harte Schuldenlast.

Oft birgt der Schuldenrat Gefahren.
Mit Schuldnern wird leicht Rad gefahren.

Wasserliebe

Im Prinzip liebt Wasser man
nicht so wie ein Wassermann.

Fragst konkret du, was er liebe,
sagt er, dass er Wasser liebe.
Das ist echte Wasserliebe.

Komfortabel

Hier fehlt wohl jeder Komfort, Abel,
du aber liebst es komfortabel,
doch heißt es geh' statt komm' fort, Abel!

Liebesarten mit Erläuterung

Wenn ich meine Mutter liebe,
ist das keine Mutterliebe,
(weil die nicht gestattet ist.)

Wenn ich meinen Vater liebe,
ist das keine Vaterliebe,
(was wohl mancher Sohn vergisst.)

Wenn ich meine Kinder liebe,
ist das immer Kinderliebe,
(die kann schlecht sein oder echt.)

Wenn ich die Geschwister liebe,
ist es stets Geschwisterliebe,
(die kann gut sein oder schlecht.)

Wenn ich viele Frauen liebe,
ist das keine Frauenliebe,
(denn ich habe eine Frau.)

Wenn ich kleine Knaben liebe,
ist das falsche Knabenliebe,
(wissen Männer ganz genau.)

Sei umarmt, du liebes Leben!
Jeder hat sein Liebesleben.

Morgenstunden

Lässt du die Schuld bis morgen stunden,
dann zahle in den Morgenstunden.
Schon früh gibt es am Morgen Stunden.

Splitter

Gesunde Ansicht
Mit einem steten Dauerlos
bist du dein Geld auf Dauer los.

Trauertag
Gedenken wir hier aller Seelen,
geschieht das meist an Allerseelen.

Beweis
Wie gründlich sich die Iren irren,
sieht lang' schon man an ihren Irren.

Lieblos
Bist du grundsätzlich gegen Liebe,
stößt selten du auf Gegenliebe.

Die Arme
Kühl ist es meist in Kirchen, Maus.
Dort haust die arme Kirchenmaus.

Grundsatz
Die Mahlzeit ohne Reste isst,
wer primär gegen Reste ist.

Rücksicht
Lauf immer schön am Wiesenrain
und latsch' nicht in die Wiesen rein.

Frivole Frage
Ob es sich wohl gesünder lebt,
wenn man so wie ein Sünder lebt?

Trost
Alles fließt und ist mutabel.
Mut, Abel!

Grabräuber
Verbot, dass man nach Hünen grab',
gilt längst für jedes Hünengrab.

Bei Vollmond
Verliebten schenkst du Wonne, Mond.
Den Mai nennt man auch Wonnemond.

Schöne Geste
Gern sagt man für die Ernte Dank.
Thanks giving day heißt Erntedank.

Trauerspiel
Am Fänger sitzen Fliegen fest.
Es ist für sie kein Fliegenfest.

Der Gockel
Tauchst ganz du unter Wasser, Hahn,
macht dich das nicht zum Wasserhahn.

Zum Wohl
Und keltert man aus Reben Saft,
dann sagt man Wein statt Rebensaft.

Miesepeter
Zeiten kommen miese, Peter.
Sei darum kein Miesepeter!

Liebe
Echte Liebe: Keine Ware.
Käufliche ist keine wahre!

Eingebaute Sicherung
Die Tat ist meistens wie der Wille.
Vor übler schützt der Widerwille.

3

Klimmericks

Zum Klimmerick

Ein Klimmerick besteht aus drei aneinander geklammerten Limericks, in denen eine vollständige Geschichte erzählt wird. Die Konzentration des Limericks muss also dreifach durchgehalten werden. Limericker haben solche Gebilde bereits publiziert, ihnen aber keinen Namen gegeben. Die Bezeichnung "Klimmerick" wird hiermit in die Literatur eingeführt. Für Limericker dürfte das ein Anreiz sein, sich gelegentlich auch an einem Klimmerick zu versuchen.

Bei den Klimmericks gibt es verschiedene Kategorien:
K 3 ist der einfache Klimmerick. Dafür braucht man 3 x 3 unterschiedliche Reimwörter. Das Grundmuster ist aus den publizierten Limericks hinreichend bekannt. Alle von mir gefundenen Klimmericks sind der Kategorie 3 zuzuordnen.

K 2 ist ein flotter Dreier. Für diese gehobene und anspruchsvollere Kategorie benötigt man 7 - 9 Reimwörter mit unterschiedlichen Wortköpfen. Die Auswahl ist beträchtlich.

K 1 bildet bei den Drei-Strophen-Klimmericks den Höhepunkt. Dafür muss man 13 - 15 Reimwörter mit unterschiedlichen Wortköpfen finden. Solche sind zwar keine Rarität, aber ihre Anzahl ist begrenzt.

Der Dichter, Schüttelreimer und Limericker Harry Eicke hat mir unveröffentlichte Klimmericks zugesandt mit 4, 5 und sogar 6 Strophen, bei denen sich die Reimwortköpfe nicht wiederholen. Das sind Super-Klimmericks, Kategorie S. Prof. Dr. Karl Nickel, Mathematiker und Schüttelreim-Experte, machte den Vorschlag, die Reimwortköpfe alphabetisch zu ordnen und belegte dies durch Beispiele mit 4 und 5 Strophen. So entstand der Klimmerick der Kategorie A-Z. Mir kam dann noch die Idee, die Echoreime einzubeziehen (siehe Echoreime, Seite 70), was Möglichkeiten erschließt, zu Klimmericks mit 7 und mehr Strophen zu gelangen. Diese Mammut-Klimmericks stellen die Kategorie M dar. Bei den folgenden Klimmericks ist jeweils die Kategorie angegeben.

Klimmerick (K 3)

von der Freifrau aus Kassel

Es fand eine Freifrau aus Kassel
im Bett eine mausgraue Assel.
   Sie mag sie nicht fassen,
   ihr Bett muss sie lassen.
Jetzt steckt sie ganz tief im Schlamassel.

Sie zieht zu der Schwester nach Celle
und liegt der dort arg auf der Pelle.
   "Man haut eine Assel,"
   sagt die, "auf den Dassel.
Du bist doch ansonsten ganz helle."

Sie dankt ihrer reizenden Schwester,
zieht heimwärts auch gleich nach Silvester.
   Ganz ohne Gequassel
   zerquetscht sie die Assel.
Die hat schon beschauliche Nester.

Klimmerick (K 3)

von dem bekehrten Räuber

Ein Räuber im Walde bei Auer
bedachte die Lage genauer.
   An nichts mehr zu glauben,
   nur plündern und rauben
erfüllt ihn mit maßloser Trauer.

Statt Tränen deshalb zu vergießen,
beschloss er, nun nicht mehr zu schießen.
   Und dann fand er eine
   berühmte und feine
Gesellschaft für Wachen und Schließen.

Nun wacht er in einsamen Nächten
und kümmert sich um die Bezechten,
   stellt Streuner und Diebe
   den Nachbarn zuliebe.
Jetzt nennt man ihn "Jo den Gerechten".

Klimmerick (K 3)

von den zwei Landstreichern

Zwei Landstreicher kamen nach Weiden.
Kein Mensch aber konnte sie leiden.
   Kein Geld, keine Stulle
   und leer auch die Pulle.
Sehr schlecht ging's in Weiden den beiden.

So zogen sie weiter nach Neustadt,
doch war es für sie keine Bräustadt.
   Holz durften sie hacken
   und Eier verpacken.
Sie nannten es bald eine Reustadt.

Man lud sie zur Arbeit in Griesen.
Doch statt sich den Tag zu vermiesen,
   ziehn fröhlich sie weiter.
   Der Schnaps stimmt sie heiter.
Sie fühlen sich mächtig wie Riesen.

Klimmerick (K 3)

von den ungleichen Schuhen

In Winsen (das liegt an der Luhe)
beschlossen zwei ungleiche Schuhe
    gemeinsam zu wandern.
    Sie kamen bis Kandern.
Ein gleiches Paar liegt in der Truhe.

"Und jetzt geht es weiter nach Flandern",
verkündeten laut sie den andern.
    Doch bald schon gerissen
    und elend zerschlissen,
vermochten sie nicht mehr zu wandern.

Die ungleichen Schuhe in Winsen
geruhten darüber zu grinsen.
    Von niemand getragen
    vermeiden sie Plagen.
So gehen sie nicht in die Binsen.

Klimmerick (K 2)

von der Waage in Bogen

Es stand eine Waage in Bogen.
Die Frau, die sich darauf gewogen,
   drückt schwer sie herunter,
   ist traurig statt munter.
Sie fühlt um ihr Glück sich betrogen.

Der Zeiger hat niemals gelogen,
das hat an den Nerven gesogen.
   Nach Fasten und Fluchen
   und andern Versuchen
verfiel diese Dame den Drogen.

Ein Mann ist nach Bogen gezogen
und gleich auf die Arme geflogen.
   Er nahm sie zum Bunde
   und liebt ihre Pfunde.
Jetzt fühlt sich die Waage betrogen.

Klimmerick (K 2)

von dem Erfinder in Minden

Ideen hat Gottlieb in Minden,
doch Partner, die kann er nicht finden.
   So modern Projekte,
   und was er bezweckte,
wird niemals mit Ruhm sich verbinden.

Oft muss er vergeblich sich schinden,
kann kaum die Missachtung verwinden.
   Er wirbt um Verstehen.
   Die Jahre vergehen,
indes seine Hoffnungen schwinden.

Spät fand unter blühenden Linden
er eine, die heilte den Blinden.
   Sie kühlt seine Wunden,
   schenkt glückliche Stunden
und schnitzt seinen Namen in Rinden.

Klimmerick (K 2)

von den Mädchen aus Binnen

Die hübschesten Mädchen aus Binnen
vermögen dort nichts zu beginnen.
   Nur ehrbare Leute
   und nichts sonst, was freute.
Kein Blumentopf ist zu gewinnen.

Sie träumen auf duftigem Linnen,
wie Fäden und Fädchen sie spinnen.
   Es gibt in den Fernen
   noch immer Laternen,
um lohnend für Scheine zu minnen.

Sehr früh schon verlassen sie Binnen
und leben mit all ihren Sinnen.
   Verlernen das Beten
   und machen Moneten,
indes ihre Träume zerrinnen.

Klimmerick (K 2)

von dem flotten Emil aus Peine

Gesucht wird der Emil aus Peine:
Ein deutliches O seine Beine,
    der Kopf eher eckig,
    die Haare leicht scheckig.
Besondere Kennzeichen: keine.

Er brachte sein Konto ins Reine
auf andere Art als die feine.
    Der Rest liegt im Dunkel,
    beschränkt auf Gemunkel.
Man weiß nur, er lebte alleine.

An ihm ist das einzig Gemeine:
Er konnte das Seine und Deine,
    sprich, zwischen den beiden
    nicht klar unterscheiden,
doch war er stets ehrbar zum Scheine.

Klimmerick (K 2)

von dem Mädchen, dem nicht zu helfen war

Ein älterer Mann liebt in Wangen
ein Mädchen mit großem Verlangen.
  Mit Geld und Geschenken
  versucht er's zu lenken,
entschlossen, den Vogel zu fangen.

Das Mädchen, des Röckchen kess schwangen,
liebt einen ganz lausigen Rangen.
  Der schätzt ihre Beine
  und will nur das eine.
Mit dem ist sie schließlich gegangen.

Und ohne dass Glocken je klangen
und Chöre das Hochzeitslied sangen,
  gibt alles sie billig
  ihm selbstlos und willig.
Man sieht es mit Hangen und Bangen.

Klimmerick (K 2)

von dem Liebespaar an der Ruhr

Sie liebten am Ufer der Ruhr
im Frühling in freier Natur.
   Schon bald wird geprustet,
   er schnauft und sie hustet;
dann mussten sie beide zur Kur.

Doch waren sie weise statt stur
und taten gemeinsam den Schwur:
   Nie wieder auf Wiesen!
   Zuerst muss man niesen
und nachher vermiest es die Tour.

Und einsam fließt wieder die Ruhr.
Jetzt murmelt ganz leise sie nur
   von früheren Lenzen
   mit Liebe und Tänzen.
Es tönt mehr in Moll als in Dur.

Klimmerick (K 2)

von der keuschen Susanne

Jung war sie und schön. Und in Wanne
(mit Eickel) ist sie mit dem Manne
   im Motel gewesen.
   (Bei ihm ging's auf Spesen.)
Ganz schnell saß sie dann in der Wanne.

Ihr Vater, der stünde im Banne
der Kumpel bei Karten und Kanne,
   erzählt sie beim Baden
   und seift sich die Waden.
Sie bade nur selten bei Anne.*

Verblüfft starrt der Mann auf Susanne.
Haut die ihn geschickt in die Pfanne?
   Sie dankt und schwebt weiter,
   frisch, sauber und heiter.
Er steht wie im Traum nach der Panne.

* ihre Freundin

Klimmerick (K 2)

von der Vergeblichkeit des Reichtums

Es gibt eine Bande in Rio,
zwei Frauen, ein Mann. Dieses Trio
    das Banken beraubte
    und fuhr, dass es staubte,
verrottet im Knast trotz zwölf Mio.

Ein Ami, ihr Freund auf den Brio[1],
macht tolle Geschäfte mit Bio,
    schafft Arbeit und klaubte,
    bis blind er ertaubte,
geschätzt und geehrt von der CIO[2].

Wie klug war dagegen der Dio![3]
Er hielt nichts von Arbeit noch Mio.
    Der Luftgeist erlaubte
    es nicht. Ich behaupte:
Er ist noch berühmter als Klio[4].

[1] Brionische Inseln vor Istrien
[2] Spitzenverband der amerikanischen Gewerkschaften
[3] Diogenes von Sinope
[4] Muse der Geschichte

Klimmerick (K 2)

von dem sündigen Küster in Remagen

Ein Küster beschloss in Remagen,
dem Pfarrer die Wahrheit zu sagen.
   So ging er zur Beichte
   und meinte, das reichte.
Dem Pfarrer schlug's arg auf den Magen.

Nun geht der bedrückt schon seit Tagen
und mag dran zu denken kaum wagen.
   Doch folgt es ihm immer,
   und täglich wird's schlimmer.
Jetzt platzt ihm vor Not fast der Kragen.

Der Küster vergisst seine Plagen.
Warum soll nach Sünden er fragen,
   die ihm schon vergeben?
   Ganz leicht wird sein Leben.
Der Pfarrer muss schweigend es tragen.

Klimmerick (K 2)

von dem unzufriedenen Berg

Der Hohentwiel schaute auf Singen
und denkt sich: "Was soll mir das bringen?
   An Singen zu kleben,
   das ist nun mein Leben."
Doch kann er sein Schicksal nicht zwingen.

Oft hat er verbissen zu ringen
mit Wolken, die schwer an ihm hingen.
   Wenn Nebel dicht weben,
   sieht Singen er eben
und hört seine Glocken dumpf klingen.

Und kann er den Dunst nicht durchdringen,
dann wünscht er sich riesige Schwingen,
   um leicht sich zu heben
   und heiter zu schweben.
Doch wird es ihm niemals gelingen.

Klimmerick (K 2)

von der alten Sibylle

Wer kennt nicht die alte Sibylle,
die mit der beschlagenen Brille!
    Sie hat für den Magen
    kaum etwas zu nagen,
im Blut dafür ständig Promille.

Bei ihrer makaberen Rille
hilft Tee nicht, kein Rat, keine Pille.
    Meist schnorrt sie verschlagen,
    ist schwer zu ertragen.
Man nennt sie auch Bille, die Schrille.

Nun war es der himmlische Wille,
sie sterben zu lassen in Stille.
    Sie liegt voll Behagen,
    so kann man fast sagen,
im Sarg wie gezeichnet von Zille.

Klimmerick (K 2)

von der Schlaufrau in Regen

Die Frau kann das Mannsbild in Regen
zum Heiraten schwer nur bewegen.
    Sie gibt ihm, au weia,
    viel Kognak und Eier,
damit seine Triebe sich regen.

Zuerst war er heftig dagegen.
Er ließ sich zwar hegen und pflegen.
    Das hat ihm gefallen.
    (So geht es wohl allen!)
Er musste nicht kochen noch fegen.

Da senkte er schließlich den Degen
und ließ sich mit kirchlichem Segen
    und ohne zu weinen
    für immer vereinen.
So ist er der Schlaufrau erlegen.

Klimmerick (K 1)

von den Riesen in Griesen

Ganz abseits, am Rande von Griesen,
inmitten von Wäldern und Wiesen,
   bewohnten zwei Riesen,
   die Einsamkeit priesen,
ein Holzhaus mit Bad ohne Fliesen.

Im Frühling erschienen bei diesen
zwei junge, doch ganz dumme Liesen.
   Frisch wehten die Brisen,
   doch kam es zu Krisen,
ernüchternd wie eiskalte Bisen.

Die Riesen zu groß für die Liesen,
die Liesen zu klein für die Riesen!
   Statt dass sie nun bliesen,
   versagten die Fiesen.
Das macht die Geschichte zur miesen.

Klimmerick (K 1)

von dem Ringtausch in Plauen

Drei lüsterne Männer in Plauen
beschlossen den Ringtausch der Frauen.
Da kam das Misstrauen.
Mit Augen, einst blauen,
begannen sie dümmlich zu schauen.

Drei Frauen, die zeigten die Klauen,
statt brav sich am Sex zu erbauen.
Mit finsteren Brauen
beschlossen die Schlauen,
den Mann in die Pfanne zu hauen.

Drei nüchterne Männer in Plauen
beschlich ganz allmählich das Grauen.
Jetzt haben die Pfauen
zu schlucken und kauen:
Drei Scheidungen sind zu verdauen.

Klimmerick (K 1)

von dem Klasen in Ahsen

Ein ehrbarer Bürger in Ahsen -
sein Name ist Leopold Klasen -
   den sieht auf dem Wasen
   sehr häufig man rasen
mit einer von zahlreichen Basen.

Wenn Bauern am Wasen mal kasen,
ist das zwar kein Duft für Ekstasen.
   Man spricht dann von Gasen,
   Gestank wie von Aasen
und rümpft ganz pikiert gleich die Nasen.

Da wundern sich weidlich die Hasen.
Sie kennen die stinkenden Phasen.
   Für sie sind das Phrasen,
   vom Wind bald verblasen.
Die Hasen sind klüger als Klasen.

Klimmerick (K 1)

von dem pfiffigen Mann in Ohnen

Ein pfiffiger Mann lebt in Ohnen.
Er möchte woanders nicht wohnen.
  Stark hasst er zu fronen,
  lebt gern wie die Drohnen.
Für ihn soll das Leben sich lohnen.

Er schwärmt für Gerichte aus Bohnen.
(Vermutlich tun das Millionen.)
  Lehnt ab, mit Kanonen
  zu schießen in Zonen,
wo Vögel sich mehren in Kronen.

Oft sieht man auf Gipfeln ihn thronen,
doch kniet er auch still vor Ikonen.
  Natur will er schonen,
  hält viel von Hormonen.
Die Frage ist: Soll man ihn klonen?

Klimmerick (K 1)

über den Wirbelsturm auf den Azoren

Ein Wirbelsturm streift die Azoren.
Manch einer hat alles verloren.
    Er steht halb erfroren
    vor klappernden Toren.
Noch dröhnt ihm der Sturm in den Ohren.

Der Regen schoss wild wie aus Rohren;
lang' steht er noch wie über Mooren.
    Die Opfer erkoren,
    ertränkt und vergoren.
Die Landschaft sieht aus wie geschoren.

Der Angstschweiß fließt kalt aus den Poren.
Im Eifer wird manches beschworen.
    Man spendet Amphoren
    und fleht zu den Horen.
Und dennoch: Der Zweifel wird bohren!

Klimmerick (K 1)

von dem Magenkranken in Hagen

Es sagte der Doktor in Hagen:
"Erlauben Sie, höflichst zu fragen,
   wie geht's Ihrem Magen?
   Was kann er vertragen?
Und leiden Sie sehr nach Gelagen?"

Der Kranke erzählt von den Plagen
an schlechten und sehr schlechten Tagen,
   die meist überragen.
   Statt Hoffnung zu wagen,
erwägt er, sich selbst zu erschlagen.

Darauf hört den Doktor man sagen,
was immer er sagt zu den Klagen:
   "Viel ruhen. Nie jagen.
   Wenn Zweifel auch nagen,
bleibt Hauptsache, nicht zu verzagen."

Klimmerick (K 1)

von der zweifelhaften Dame in Behren

Es wohnt eine Dame in Behren,
nach der sich die Männer verzehren.
 Sie kommen in Heeren,
 doch selten in Ehren,
wie hämisch uns Nachbarn belehren.

Nichts kann diese Dame verwehren
an niedrigsten Lüsten und hehren.
 Sie steigert auch deren
 verhalt'nes Begehren,
die sonst sich um Frauen nicht scheren.

Wo Männer so häufig verkehren,
ist öfters der Parkplatz zu teeren.
 Wenn Taschen sich leeren,
 um Wollust zu mehren,
zählt kaum, dass sich Nachbarn beschweren.

Klimmerick (K 1)

von den Wurmfängern in Hausen

Schlimm steht es im Aargau in Hausen.
Die Affen vergessen das Lausen.
   In windigen Klausen,
   wo Katzen oft mausen,
kampieren die Fänger von Hausen.

Im Städtchen verbreitet sich Grausen
vor Würmern, ganz fetten und krausen,
   die gleiten und sausen
   und brummen und brausen.
Den Männern vergehen die Flausen.

Wenn diese die Unholde zausen,
dann gibt es nur selten in Pausen
   ganz einfache Jausen
   mit Würstchen und Brausen.
Der Wurmfang ist nichts für Banausen.

Klimmerick (K 1)

von dem Winzer in Theben

Ein uralter Winzer in Theben
befasst sich seit jeher mit Reben.
    Es ist sein Bestreben,
    vom Weine zu leben.
Oft muss um die Ernte er beben.

Unwetter, die über ihm schweben,
gefährden im Sommer die Reben.
    Wenn Spanner wild weben
    und Läuse arg kleben,
dann reicht es zum Leben so eben.

Und dennoch, man schätzt ihn in Theben
und wünscht ihm ein sehr langes Leben.
    Geht vieles daneben,
    dann hilft nur Ergeben.
So lasst uns ein Glas auf ihn heben!

Klimmerick (K 1)

von dem Spieler in Brinken

Ein cleverer Spieler in Brinken
bestellt sich nur Schwarzbrot mit Schinken.
   Bier will er nicht trinken,
   ins Spiel gleich versinken
ganz gierig im Spielsaal von Brinken.

Man sieht seine Äuglein hell blinken.
Er weiß mit den Fingern, den flinken,
   leicht Karten zu zinken,
   die Spieler zu linken
und dabei zu pinken wie Finken.

Den Spielern beginnt es zu stinken,
sodass sie mit Blicken sich winken.
   Man klopft ihm die Schinken
   und weist ihm die Klinken.
Nach Haus kann er mühsam nur hinken.

Klimmerick (K 1)

von dem Trinker in Franken

Herr Schmidt fährt ins sonnige Franken,
um süffige Weine zu tanken.
    Nachts sieht man ihn wanken,
    den Haltlosen schwanken.
Der Suff lässt ihn nicht aus den Pranken.

Frau Schmidt, der die Säufer-Trips stanken,
versucht es mit Einspruch als Planken,
    weil Kerle versanken,
    die alles vertranken.
Bei ihr hält Genuss sich in Schranken.

Daheim hört man häufig sie zanken.
Sie liebt diesen einstmals sehr Schlanken,
    jetzt Dicken und Kranken
    und putzt ihm den Blanken.
Er hätte wohl Grund, ihr zu danken.

Klimmerick (K 1)

von den heimatverbundenen Iren

In Irland gibt's zahlreiche Iren
mit sichtlichem Hang zum Zitieren,
   die philosophieren,
   sich gern engagieren
und Dichter der Heimat edieren.

Weil diese sich gut etablieren
und ganz auf die Heimat fixieren,
   den Reichtum negieren
   und Butter dünn schmieren,
verschreckt sie das Wort "emigrieren".

Wenn Iren die Heimat verlieren
und fremd in der Fremde kampieren,
   dann reiben sie Schlieren
   aus Augen, die stieren.
Ihr Schicksal geht arg an die Nieren.

Klimmerick (K 1)

von den bedrohten Ehen

Wenn zwei sich von Herzen verstehen,
sieht früh zum Altar man sie gehen.
    Die Zeit der Kakteen
    ist nirgends zu sehen.
Fromm hört man um Segen sie flehen.

Die Frauen, vergleichbar den Rehen,
sie tanzen vor Lust auf den Zehen.
    Dann folgt das Verdrehen
    und nüchterne Sehen,
bis all ihre Träume verwehen.

In trostlos gescheiterten Ehen
agieren sie nicht so wie Feen.
    Da kann es geschehen,
    dass sie ihre Lehen
als Gift statt als Mitgift verstehen.

Klimmerick (K 1)

von dem Hundehalter in Melle

Voll Missmut ist Friedhelm in Melle.
Ihn ärgert das wüste Gebelle
   von stets gleicher Stelle
   der Nachbarparzelle,
beginnend vor Anbruch der Helle.

Sein Nachbar, ein Zuzug aus Celle,
ist ständig für Hader die Quelle.
   Er schafft mit der Kelle,
   bevorzugt das Grelle
und misst mit ganz anderer Elle.

Von Grund auf ein übler Geselle,
geht Friedhelm er arg auf die Pelle.
   Hoch schlägt dann die Welle,
   schwappt über die Schwelle.
Man wünscht solchen Nachbarn die Zelle.

Klimmerick (K 1)

von der Alten in Strücken

Es lebt eine Alte in Strücken,
der fällt es sehr schwer, sich zu bücken.
　　Meist geht sie an Krücken,
　　und nie will ihr glücken,
die Blumen am Wege zu pflücken.

Ihr Alltag ist randvoll von Tücken,
die oft sie sehr quälen und drücken.
　　Schnaps kann sie entzücken
　　in sehr großen Schlücken.
Er steift ihr den krummlahmen Rücken.

In ihrem Gehirn sind die Lücken
schon zahlreich und größer als Mücken.
　　Wir bauen ihr Brücken
　　aus ganz freien Stücken,
um so ihr den Abschied zu schmücken.

Klimmerick (K 1)

von dem Fischteich in Appen

Im winzigen Fischteich von Appen
vermehren sich nutzlose Quappen.
   Mit gierigen Klappen
    zum Fressen und Schnappen
verschlingen sie Häppchen und Happen.

Kaum jemals verziehn sie die Flappen,
und so geht kein Wurm durch die Lappen.
   Sie schlucken die knappen
    und kappen die schlappen,
statt träge nach ihnen zu tappen.

Der Eigner, ein Edler mit Wappen,
muss schwer für den Fischteich berappen,
   das heißt, er muss schrappen.
    Statt überzuschwappen,
greift schlau er zu Würmer-Attrappen.

122

Klimmerick (K 1)

von den Ziegen in Bippen

Jetzt machen wir Urlaub in Bippen,
wo Brot wir in Ziegenmilch stippen,
    weil schneeweiße Hippen
    mit rosigen Lippen
tagsüber am Wiesengras nippen.

Man sieht zwar die mageren Rippen,
besonders im Stall an den Krippen.
    Auf felsigen Klippen,
    wenn Mutige wippen,
befürchtet man fast, dass sie kippen.

Die furchtlosen Bergziegen-Sippen
beweiden den Hang nicht an Strippen.
    Man möchte fast tippen,
    sie haben nie Grippen,
was Grund ist, beim Dippen zu schnippen.

Klimmerick (K 1)

von dem Hallodri in Steinen

Erst neulich im Frühjahr in Steinen
verließ ein Hallodri die Seinen.
    Grund hatte er keinen,
    doch will es mir scheinen,
als hätte er zweifellos einen.

Er werkelte kunstvoll an Schreinen
beruflich, an großen und kleinen.
    Mit Holz aus den Hainen
    erstellt' er die feinen.
Ein Traumjob, so sollte man meinen.

Fest stand er auf eigenen Beinen
und schien mit sich selbst stets im Reinen.
    Die Frau zog die Leinen!
    Sie wird das verneinen.
Jetzt ist es ein Drama zum Weinen.

Klimmerick (K 1)

von der Massage bei Ruth

Im Rotlichtbezirk von Beirut
zahlt gern man für Lust den Tribut.
    Da brodelt der Sud
    wie Ebbe und Flut.
Geheimtipp: Massage bei Ruth.

Ihr Fingerstrich geht dir ins Blut,
versetzt dich in süßeste Glut.
    Sie macht das so gut,
    wie's keine sonst tut.
Fest steht es: ein ganz neuer Hut.

Was fern nur verlockend uns lud,
wird jetzt als Bedürfnis akut.
    Nach kurzem Disput
    beflügelt uns Mut:
Auf geht es zu Ruth nach Beirut!

Klimmerick (K 1)

von Max Meier in Speyer

Gleich neben dem Dom wohnt in Speyer
der nicht sehr beliebte Max Meier.
    Besagter ist Bayer
    und taugt nicht als Freier.
Dass wir ihn nicht mögen, verzeih' er.

Im ganz eleganten Zweireiher
erscheint er zu jeglicher Feier.
    Er schätzt flotte Dreier,
    liebt Kognak und Eier
und ist mehr Genießer als Schreier.

Den ängstlichen Müttern von Speyer
liegt schwer auf der Seele wie Blei er.
    Für sie klingt die Leier
    bei Brautkleid und Schleier.
Sie wünschen den Meier zum Geier.

Klimmerick (K 1)

von dem Bayern in Speyer

Es gibt einen Weiher bei Speyer.
Dort spielte ein schüchterner Bayer
   zur Sonnenwendfeier
   ein Lied auf der Leier.
Das machte ihn fröhlich und freier.

Da nahten drei ganz wüste Schreier,
die krächzten wie schaurige Geier
   und warfen, Mensch Meier,
   Tomaten und Eier.
Den Rest deckt bis heute ein Schleier.

Die Berger, sie kotzten wie Reiher.
Der Spieler, wie lang' lag im Brei er?
   Dort starb gegen drei er. -
   Hoch über dem Weiher
schwebt duldend der große Verzeiher.

Klimmerick (K 1)

über den Giftmörder im Tower

Er saß viele Jahre im Tower.
Als seinen Beruf nennt man "Brauer".
   Sein Morden auf Dauer
   in Vorzeit, in grauer,
erzeugt bei uns heute noch Schauer.

Sein süßes Gebräu machte Hauer
und Stecher und auch manche Klauer
   noch wilder und blauer,
   verruchter und rauer.
Es war ein Getränk voller Power.

Das schmeckte so bitter-süß-sauer,
erlöste aus Trübsal und Trauer.
   Doch jenseits der Mauer
   weiß nichts man genauer.
Der "Brauer" war - ehrlich - ein Schlauer.

Klimmerick (K 1)

von der Schlange in Auer

Reporter berichten aus Auer.
Dort hält sich ein pfiffiger Bauer -
   auf Mäuse ganz sauer -
   als Falle auf Dauer
ein sicheres Mittel mit Power.

Man liest die Details gern genauer:
Die Schlange liegt stets auf der Lauer.
   Das Leben wird flauer
   für Mäuse und mauer,
doch auch für die Katzen wird's grauer.

Sie sind nur behäbige Kauer.
Die Schlange schlingt flinker und schlauer.
   Das Klima wird rauer,
   bemerkt man mit Schauer.
Bei Mäusen und Katzen herrscht Trauer.

Klimmerick (K 1)

von Abel und Kain

Es gibt laut Register in Wabel[*]
zwar Kain nicht, doch immerhin Abel.
   Der lebt komfortabel
   trotz Bibel und Babel
und kümmert sich nicht um die Fabel.

Doch einmal erhält er ein Kabel.
Herr Kain schreibt - und das ist blamabel -
   ihm ging's miserabel.
   Bei Messer und Gabel
sei Ebbe und trocken sein Schnabel.

Herr Abel, im Grunde spendabel
und dick (er sieht kaum seinen Nabel),
   schickt Waren aus Wabel.
   Kain findet's passabel. -
So kommt man zu einer Parabel.

[*] PLZ 19306

130

Klimmerick (K S)

von den Zecken in Hohenecken

Am Rande des Dorfs Hohenecken
vermehren in dornigen Hecken
    auf sehr weiten Strecken
    sich tückische Zecken,
die unter dem Blätterwerk stecken.

Sie fallen auf Weise und Jecken
aus Büschen und Bäumen und Quecken,
    auf Hunde und Schecken,
    doch niemals in Trecken,
und immer verschonen sie Schnecken.

Sie können die Landschaft verdrecken.
Auch wenn sie die Zähne nicht blecken,
    scheint ihnen zu schmecken
    der Kopf wie das Becken.
Das Warmblut dient voll ihren Zwecken.

Ganz leise Geräusche schon wecken
die immer Bereiten und Kecken.
    Doch wenn sie sich recken,
    gibt's kaum ein Erschrecken;
meist kann man sie gar nicht entdecken.

Erst wenn sie am Blute schon lecken,
entstehen die rundroten Flecken.
    Für Zecken, die schlecken
    und blutig uns necken,
sind Menschen nur nahrhafte Gecken.

Klimmerick (K M)

über die Schicksalsforscherin in Mähren

Die Forscherin lebt noch in Mähren.
Dort lässt man sie schweigend gewähren.
    Das Schicksals-Gebären,
    sie kann es erklären:
Es kommt aus dem Nicht-Ungefähren.

Die Suche nach Brücken und Fähren
verläuft zwischen Festland und Schären.
    Sie sucht nach dem fairen
    und nicht temporären
Beweis für die Anti-Schimären.

Sie meidet die schlicht Ordinären,
hat keinerlei Hang zum Vulgären
    und höchstens Affären
    im Imaginären,
ein Schmuckstück selbst bei Elitären.

Die Forschung gehört zum Primären,
der Altag zum streng Sekundären.
    Sie lebt wie Hetären,
    versinkt im Konträren,
ein Abbild des Totalitären.

Wenn nur diese Zweifel nicht wären,
Aspekte des Spektakulären!
    Bei pekuniären
    Erfolgen, die währen,
verharrt sie im Visionären.

Ganz schlecht steht es mit den Salären,
die goldig das Dasein verklären
    bei Millionären
    und Milliardären;
die leben in anderen Sphären.

Ihr Kleid ist modern und nicht hären,
doch gleicht sie den nicht populären
    und längst legendären
    Erd-Pensionären,
bekannt als die Irregulären.

Beim Trip ohne Schutz-Atmosphären
bedeckt sich die Seele mit Schwären,
    auf kalten Altären
    geopfert mit Zähren,
wo Ansprüche niemals verjähren.

Ein Leben lang werden sie gären,
die Forscherin niemals ernähren.
    Sie schöpft im Binären
    und bündelt die Ähren.
Kommt Heil für genasführte Bären?

Klimmerick (K A-Z)

In eigener Sache

Im Grunde war nie ich ein	Ai[1].
Die Schonzeit, jetzt ist sie vor	bei.
Schwer liegt mir wie	Blei
im Blut dieser	Brei,
potztausend und dumdidel	dei.
Wie mache ich fünf aus den	drei?
Fand so einst Kolumbus sein	Ei?
Mein Glanzkonter	fei
ist kein Butter	fly.
Noch bin ich von Ehrgeiz nicht	frei.
Mein innerer Stupf-Papa	gei
sagt: Tu es, dann macht es dich	high!
Selbst in der Tür	kei
ist nicht einer	lei,
wie einer da bläst die Schal	mei.
Der Ruhm reicht dann bis Norder	ney.
Ich hoff', dass mein Schiff man dort	prei'[2],
die Leute am	Quai
nicht in Rase	rei
verfallen, in Wahnsinnsge	schrei.
Gesetzt, dass dies wirklich so	sei!
Ich büßte in einer Ab	tei,
wo ganz ich mich	weih'
dem Sündenver	zeih,
sonst bräche das Herz mir ent	zwei.

[1] Ai = dreifingeriges Faultier
[2] preien = ein Schiff anrufen (Seemannssprache)

Inhaltsverzeichnis

Von **Waltraud Puzicha** sind lieferbar:

Es schüttelt mich - Schüttelreim-Gedichte

1997. 112 Seiten, geb. - ISBN 3-7776-0821-1

Waltraud Puzicha ist die erste - und einzige - Schüttelreimerin der Schweiz. Unter dem Titel "Es schüttelt mich" nimmt sie uns mit auf eine Reise durch den innermenschlichen Kosmos und stellt uns neben Zeugnissen einer poetischen, bis zu Surrealistik neigenden Fabulierkunst ausgereifte Lebensweisheiten vor.

Textprobe
Selten nur Begehren haben
wir nach geistig hehren Gaben,
und nur das lässt Neider leiden,
was sie uns hier leider neiden.

Kurz belichtet, Klappe 1. Sprüche

1997. 132 Seiten, geb. - ISBN 3-7776-0790-8

Schon die Einteilung in die 10 Kapitel
Geflügeltes, Spatzenmenü, Seufzerbrücken, Kleine Aquarelle, Hingetupft, Stechäpfel, Mini-Geschichten, Spritzer, Bittermandeln, Klarstellungen
ist ungewöhnlich und ohne Beispiel in der Literatur. Diese Sprüche unter dem Motto "Sag es kurz, dann hast du mehr Zeit zum Leben" sind ein Feuerwerk aus Geist und Witz, moralisch, ohne zu moralisieren und treffend, ohne zu verletzen.
Die Autorin schreibt aus Erfahrung, sie kennt sich aus auf den Tummelplätzen des Lebens. Wie sie anmerkt, gehört zu jeder Erkenntnis ein Bündel von Kenntnissen. Ihre Sprüche sind Extrakte, gefiltert aus den Wurzeln zahlreicher Einsichten, die sie uns in so gefälliger Form vermittelt, dass das Lesen zum Vergnügen wird.

Internetseite: http://www.hirzel.de/sicht.htm#kurz

Lehrbuchvertrieb W. Puzicha, 72221 Haiterbach
Gehren 8 - Telefon 07456/282 - Fax 7242

Der Fromme lacht - Biblische Gedichte

1997. 144 Seiten, geb., Hardcover mit Golddruck. Privatdruck

Die Bibel, "Das Buch der Bücher", sollte nicht nur im Regal stehen oder auf dem Nachttisch liegen, sondern wirklich einmal mit Verstand gelesen werden. Um dies anzuregen, wurden diese Biblischen Gedichte geschrieben. Das Bändchen enthält die Kapitel

Altes Testament - Neues Testament
Die Sprüche Salomos (als gereimte Vierzeiler)
Die andere Sicht (Schlussbemerkungen).

Nach Ansicht der Autorin beruht der Erfolg der Bibel darauf, dass sie *nicht* gelesen, dafür aber gekonnt vermarktet wird. Die unwahrscheinlichen Ungereimtheiten in den Texten werden hier aufgedeckt, wobei nicht mit trefflichen Kommentaren gespart wird.

Die klugen und die törichten Jungfrauen
NT / Matthäus 25, 1-12

Die Jungfrau geht den Bräutigam
mit der Laterne suchen.
Und kommt die kluge an den Mann,
kann sie Erfolg verbuchen.

Die törichte vergisst das Öl,
und ihr erlischt die Lampe.
Da geht der Bräutigam nicht fehl
zu denken: kleine Schlampe.

Die Türe schließt er ganz fest zu
und will sie gar nicht sehen.
Nun muss die Arme ohne Ruh
allein durchs Leben gehen.

Wer nicht für Brennstoff sorgt, der ist
auch sonst nicht zuverlässig.
Die Jungfrau, die das Öl vergisst,
macht aus der Hochzeit Essig.